江玉国 著

企业低碳竞争力评价
基于减排碳无形资产的视角

Research on the Evaluation of
the Enterprise's Low-carbon
Competitiveness

Based on the Perspective of
Reducing Carbon-intangible Assets

社会科学文献出版社
SOCIAL SCIENCES ACADEMIC PRESS (CHINA)

本书得到

中国博士后科学基金项目资助

四川矿产资源研究中心项目资助

四川师范大学学术著作出版基金资助

四川县域经济发展研究中心项目资助

前　言

　　伴随各种能源的开发和利用，人类社会逐步从农业文明步入工业文明。享受文明进步带来的先进成果的同时，环境恶化、能源危机对人类生存和发展的威胁日益彰显。在全球低碳背景下，企业经营活动与竞争力评价中已经出现越来越多"碳"的因素，虽然"碳"不会也不能改变行业竞争的本质，但在竞争力演化的过程中，"高碳型"模式导致企业的发展不可持续，而"低碳型"模式将成为企业的必然选择，突破资源瓶颈的最终出路是发展低碳经济，走低碳之路便成为企业的最佳路径。

　　面对全球的低碳大环境，低碳浪潮涤荡着中国经济的角落。未来企业的竞争充满变数，中国企业家不仅要关注国内生产，更要关注全球。在这种背景下，本书研究企业低碳竞争力评价问题，这对政府政策的制定和企业制定正确的管理策略都有重要的意义。

　　"碳资产"是一种新兴的、特殊的、具有一定复杂性的事物，是伴随人类对生存环境的再认识而被认可的一类特殊的资产，这种资产是时代的产物。目前，挖掘"碳资产"的文献还非常少，甚至还没有明确的定义及类型的划分，例如，在企业内部存在一些低碳建筑、低碳设备等硬资产，其价值可以被精确地计算和评价，它们对企业节能减排有重要的作用，可以称为碳有形资产。此外，在企业中，存在一些低碳战略规划、行为规范、低碳组织体系和低碳技术等，这些资产的价值则不容易确定，更难以被人们量化地认识，但它们对企业降低能源消耗、减少碳排放、提升社会形象等起到强大且无形的推动作用，反映了企业动态可持续的竞争能力，这种资产可以称为碳无形资产。本研究将尝试建立一种科学的方法和分类标准对碳资产进行界定和分类。在企业中，尤其是一些无形的碳资产神奇地驾驭着企业的低碳经济，综合地反映了企业在低碳竞争中的相对优势，是企业低碳竞争力的重要源泉。可以说，"低碳"时代，低碳竞争力形成的关键是企业所拥有的碳无形资产。

目前，行业存在的普遍问题表现为重视指标类配额碳资产，但对"碳无形资产"不够重视，企业不知道自身拥有哪些"碳无形资产"，其价值有多少，如何发挥作用，如何形成自身的低碳竞争力。本书在对碳资产进行分类的基础上，选取一类对企业低碳竞争力起决定性作用的减排碳无形资产为研究视角，对企业的低碳竞争力展开研究。通过文献研究及专家咨询，本书构建了一般性企业低碳竞争力评价指标体系，考虑到行业不同，指标的具体表述可能会不同，具体到钢铁行业，该指标体系包括 5 个评价维度、26 个二级指标。每一种评价模型和方法各有利弊，为了避免利用单一方法所得评价结果的局限性，本书引进一种系统组合评价方法，最终得出较为科学的、合理的评价结果。通过对 12 家样本钢铁企业低碳竞争力评价结果进行对比和分析，找出企业存在的差距及阻碍其低碳竞争力提升的因素，进而提出了企业减排碳无形资产的开发模式和流程。基于实证分析，从企业、政府和社会三个层面提出提升我国企业低碳竞争力的对策。

本书的出版受到中国博士后科学基金项目（项目编号：2017

M622983）、四川矿产资源研究中心项目（项目编号：SCKCZY2018－YB005）、四川师范大学学术著作出版基金、四川县域经济发展研究中心项目的资助。

本书在充分借鉴前人研究的基础上，运用环境经济学、生态经济学、技术经济学、管理学等多学科理论，以减排碳无形资产为研究视角，构建了企业低碳竞争力评价的指标体系，并选取部分钢铁公司为样本，展开评价研究，全书共分八章。第一章绪论，对本研究的背景与意义、研究的目标及内容、研究方法、创新点等进行阐释；第二章基本理论与文献综述，对相关的理论进行梳理，对碳资产、企业低碳竞争力等研究进展进行了综述分析；第三章碳资产的界定、识别与分类，主要对碳资产进行挖掘；第四章企业碳资产与低碳竞争力关系分析，主要分析企业低碳竞争力的内涵，提出企业低碳竞争力的特性，并对我国企业总体的低碳竞争力现状和存在的问题进行了剖析，同时对企业"碳资产"与低碳竞争力的关系机理进行分析，并提出两者具有统一性；第五章基于减排碳无形资产的企业低碳竞争力评价指标体系的构建，构建了企业低碳竞争力评价的指标体系，并进行详细的阐释；第六章系统组合评价方法的构建，主要通过综合评价法和组合评价法的结合构建一种系统组合评价法；第七章实证分析，选取钢铁行业典型的上市公司为研究样本，进行实证研究，对企业的低碳竞争力做出评价，并对落后的企业进行详细调研，提出碳无形资产开发的模式及流程；第八章提升企业低碳竞争力的对策建议，主要从碳无形资产角度提出提升企业低碳竞争力的对策和建议。

本书参考了多位学者的宝贵思想和研究方法，在数据收集、资料整理及校对过程中得到了多方的大力支持和协助，在此一并向他们表示感谢。

　　由于作者研究水平有限，书中不妥之处在所难免，希望各位专家和读者予以批评指正。不过，总的来说，我觉得自己的努力和付出是非常有意义的，在未来的研究中，我会继续沿着这条路走下去。

江玉国

2019 年 5 月

目 录

第一章
绪　论

第一节　问题的提出与研究意义

一　问题的提出

18 世纪中叶工业革命以来，人类社会的发展进入了空前的繁荣时代，与此同时，也造成了巨大的能源、资源消耗，人类为不科学的经济发展付出了巨大的环境代价，人与自然之间的矛盾急剧扩大。21 世纪以来，人类面临空前的能源与资源危机、生态与环境危机、气候变化危机等多重挑战（鲍建强等，2008）。早在 1986 年，瑞典物理化学家诺贝尔化学奖获得者阿雷利乌斯就曾预言：化石燃料的燃烧将会增加大气中二氧化碳的浓度，导致全球变暖，可能成为人类未来发展的障碍（乔国厚，2012）。自 20 世纪 50 年代后期，学界就开始研究气候变暖和工业气体排放之间的关系，到 20 世纪末，工业碳排放是造成温室效应的主要原因已经成为不争的事实（贺红兵，2012）。

政府间气候变化专门委员会（IPCC）组织了全球数千名学者和

评审专家进行了大量的数据收集，最终完成了《气候变化 2007：综合报告》，得出结论：气候变暖是导致全球平均气温上升、冰川融化、海平面上升的最主要原因（王锋，2012）。以政府间气候变化专门委员会为代表的国际主流机构观点将全球变暖问题与工业革命以来的人类碳排放联系在一起，认为人类的经济活动所导致的地球碳循环系统变化是全球变暖的罪魁祸首。2014 年 4 月 12 日，IPCC 在德国柏林发布了《第五次气候变化评估报告：减缓气候变化》的第三份报告，得出结论：温室气体排放仍在增长，增长率本身也在不断加大，多数增长是受全球经济增长推动；按照基准轨迹，到 21 世纪末，全球平均气温将比工业化前的水平增长 3℃ ~ 5℃。据统计，在过去 100 年中，全球的平均气温已经增长了 0.3℃ ~ 0.6℃，极地和北半球高纬度地区气温升高了 3℃ ~ 4℃，未来的冰川融化、海平面上升，将会导致一些沿海大城市和岛国不断被海水蚕食，甚至会有"灭顶之灾"（朱跃钊，2011）。大气中二氧化碳浓度的提高，二氧化碳在海水中的溶解增加了海水的氢离子浓度，于是降低了海水的 pH 值，将导致海洋的 pH 值降低。有数据显示，自工业革命起，表层海水的 pH 值大概下降了 0.1 个单位，预测到 2100 年将再下降 0.3 ~ 0.5 个单位（肖钢，2012）。目前，在某些热带潮湿地区，居民生活用水不足现象严重，到 21 世纪中叶，其河径流量将会减少 10% ~ 30%，将存在大面积的干旱地区，同时冰川和积雪储藏的水量将有所下降，靠冰川融化生活、生产的全世界 1/6 的人口将受到严重的威胁（蔡伟光，2011）。冰川的融化可能造成大面积的耕地消失、洪涝灾害的频繁出现，对粮食生产也有很大的负面影响。同时，气候变化还威胁到人类的健康，加剧了一些传染病的传播，例如地球臭氧浓度增加将导致心脏病和传染病的多发（李国栋等，2013）。

　　面对生存环境恶化、资源短缺等问题，人类开始反思过往的发展历程。1992 年联合国 150 多个国家签署了《联合国气候变化框架公约》，其宗旨是将大气中的温室气体浓度稳定在不对气候系统造成危害的水平。1997 在《联合国气候变化框架公约》下，参加国通过了《京都议定书》作为《联合国气候变化框架公约》的补充条款。《京都议定书》明确了各国承担的责任以及实现机制，旨在限制发达国家温室气体排放量以抑制全球变暖。作为第一次工业革命的先驱和资源并不丰富的岛国，英国充分意识到了能源安全的重要性和气候变化的威胁，2003 年英国政府颁布了白皮书《我们能源的未来：创建低碳经济》，第一次提到了"低碳经济"。该白皮书提出了英国政府的目标：到 21 世纪中叶，二氧化碳的排放量在 1990 年的基础上削减 60%，将从根本上使英国转变为一个低碳经济国家（周宏春，2012），这一提法得到世界各国的认可和支持。人类应对环境问题、发展低碳经济面临各种挑战，其中最大的挑战既不是技术层面的，也不是经济层面的，而是来自政治和体制（江玉国，2016）。美国政府也决心走一条低碳发展之路，2007 年将"低碳经济"纳入国家宏观战略，即颁布了《低碳经济法案》（*Low Carbon Economy Act*）。两年后，美国政府又颁布了具有针对性的《美国清洁能源安全法案》（*American Clean Energy and Security Act*）。同年，在印度尼西亚巴厘岛联合国气候大会达成了《巴厘岛路线图》，进一步提出了降低温室气体排放的措施及相关要求。与此同时，世界各国也加大了对低碳理念的宣传力度，并采取了一些具体的限排措施。《巴厘岛路线图》的达成为在全球范围内寻找共同解决环境污染、能源短缺等问题的对策提供了广阔的合作思路。

　　改革开放以来，我国生产力得到了前所未有的发展，吸收了全世界发达国家的发展经验、资金、技术，工业进行了深刻的改革，也因此取得了丰硕的成绩。经过四十多年的发展，我国工业已初步完成了原始资本的积累，成为世界第二大经济体。经济飞速发展的背后，由于长期以来我国工业走了一条粗放式道路，出现了严重的能源危机和环境污染问题。1978～2002 年我国能源消费年均增长 4.2%，2002～2008 年均增长 11.1%，1970～2002 年碳排放年均增加 5.0%，2002～2008 年碳排放年均增加 11.5%（岳超等，2010）。2011 年中国烟尘排放量高达 1159 万吨，二氧化硫达到 1857 万吨，47 个重点城市中，约 70% 的城市大气环境质量达不到中国规定的二级标准，其中参加环境统计的 338 个城市中，137 个城市空气环境质量超过中国三级标准，占统计城市的 40%，属于严重污染型城市。2013 年 12 月 2～14 日的重度雾霾事件，是中国 2013 年入冬后最大范围的雾霾污染，几乎涉及中东部所有地区。天津、河北、山东、江苏、安徽、河南、浙江、上海等多地空气质量指数达到六级严重污染级别，使得京津冀与长三角雾霾连成片。首要污染物 PM2.5 浓度日平均值超过 150 微克/立方米，部分地区达到 300～500 微克/立方米，其中上海市平均污染达到 600 微克/立方米以上，局部至 700 微克/立方米以上。由此可见，伴随经济的飞速发展，我国的生态环境遭到了严重的破坏，温室气体排放量过大，给人们的生活带来了严重的影响（冯之浚等，2009）。因此，深入剖析我国的发展历程，探索新的经济发展模式，实现国民经济的可持续发展，有着重要的意义（金乐琴等，2009）。

当前，我国工业企业正在探索一条可持续发展的道路，为了实现产销方式的转变，采取了诸如优化能源结构、引进低碳技术、开发低碳项目等新的战略思路，这些战略思路的核心就是在低碳大背景下实现可持续发展，谋取维系一种生产、发展的权利（陈诗一，2010）。当前，减排已经被纳入国家战略层面，政府发展低碳经济的决心不可动摇，在中国即将展开全面的减排活动，很多高能耗、高污染、高排放的企业发展将遇到瓶颈（付允，2008）。

我国作为发展中国家，一直没有承担强制减排的责任，企业低碳发展起步也就较晚。与西方国家相比，在石油化工、建筑、钢铁、水泥等领域单位产品碳排放要远远高于世界先进水平（范钰婷等，2010）。以钢铁行业为例，我国钢产量规模超过 8 亿吨，占世界的一半左右，是不折不扣的"钢铁大国"，但我国钢铁企业具有高能耗、高污染等特征，单位产品碳排放远远超出世界钢铁巨头浦项钢铁、纽柯、新日铁、米塔尔等。面对全球的低碳大环境，低碳浪潮荡涤着中国经济的角角落落。而我国的企业面对政府的限排政策和社会的强烈反应，加之产能的过剩、产品价格的下跌等问题，已经举步维艰，如何提升企业的低碳竞争力就显得尤为重要（施若，2014）。

目前，有关竞争力的研究文献较多，但与低碳竞争力相关的文献还比较少，其研究主要集中在国家、区域、城市三个层面，涉及企业的研究非常少。企业低碳竞争力究竟受哪些因素影响？如何提升这种竞争力一直是学界所关心的问题。已有的研究成果多注重宏观因素对企业低碳竞争力的影响，鲜有文献深入企业内部探索其具体的影响因素（陈红喜等，2013；黄山等，2013；徐砥中，2011），诸如卢愿清等（2013）认为政府作用、环境保护、科技进步、外贸促进、经济提升是企业低碳竞争力的影响因素；黄山等（2013）提出企业所拥有的资源、市场基础、制度及认知基础是对企业低碳竞争力起重要作用的影响因素。随着人类低碳活动的不断深化，一种时代背景下的产物——碳资产应运而生。目前对"碳资产"的研究还处于初级阶段（刘萍等，2013）。在企业低碳竞争力评价的研究中还没有出现以碳资产为研究视角的文献，而评价企业低碳竞争力的状况关键是看企业所拥有碳资产的积累程度（高喜超，2013；Jiang等，2019；庄贵阳，2005），以往的企业低碳竞争力的评价中很少有学者涉猎企业具体的碳配额、项目碳资产、低碳技术、低碳领域的文化建设状况等（范莉莉等，2015）。低碳竞争力是企业在新时代背景下的一种可持续发展能力，它与传统的竞争力有着很大的差异，该种竞争力所涵盖的内容和影响因素更加具体（独娟，2012；朱利明，2013；范莉莉等，2015）。

评价方法多种多样，而在以往的文献中，学者们多采用单一的综合方法对评价对象进行评价，这就可能会形成因为方法的单一性而导致评价结果的不客观。因为每一种方法都有其自身的侧重点，例如 G1 法更多地侧重专家的主观评价，尽管顾及了专家的经验，但对数据的客观性却有所忽视。目前，现有的文献，在评价方法的系统性和组合性处理上还远远不够，很少有文献涉及系统的组合评价（陈国宏等，2003；王海林等，2012）。此外，已有的文献只是对企业竞争力或者核心竞争力做出评价，鲜有关于低碳竞争力评价的相关研究（徐建中，2011；朱利明，2013）。

鉴于以上研究的不足，本书将从"碳资产的界定、识别、分类"出发，寻找企业低碳竞争力的各种评价角度，最后选取对企业低碳竞争力起决定性作用的减排碳无形资产为研究视角；通过文献研究法探寻企业低碳竞争力的影响因素；并采用科学的方法构建企业的评价指标体系，并对其进行优化，使其更加科学、合理；在评价方法的选取上，本书采用了一种系统组合评价方法，这种方法克服了单一方法侧重点不同的缺陷，既兼顾了专家的主观意见，又顾及了数据的客观性，使得评价结果更为科学、合理；在评价的基础上，本书还提出了企业减排碳无形资产的开发模式、路径及提升企业低碳竞争力的对策和建议。

二　研究意义

综合相关研究，本书的研究具有以下理论意义和现实意义。

（一）研究的理论意义

1. 拓宽了企业"碳资产"的研究范围

目前，有关企业碳资产的文献非常少，对其界定带有很大的模糊性，学者们多认为碳资产是一种企业所拥有的经过量化的碳排放指标。随着人类环境意识的不断增强，企业碳资产的概念也发生了相应的变化。1997年12月《京都议定书》签署后相继出现了"碳资产"（carbon assets）的概念，按照《联合国气候变化框架公约》的设计构想，人类要想限制温室气体排放，使其维持在大气层合理的容量范围之内，最有效的办法是将减排纳入市场机制，伴之而来的是各种碳交易市场。随着金融工具进入碳交易市场和企业碳排放核算、评价方式的增多，企业的碳排放权与财务、金融挂钩后，就形成了一些具有低碳贡献且形态多样的资产，即碳资产（江玉国等，2014），该资产随着国际、国家政策、法规的变化而变化。尽管"碳资产"已经存在了多年，但究竟什么是碳资产？企业内部究竟有哪些碳资产？每类碳资产有什么样的特征？如何获取碳资产？对企业来讲，这些问题还带有很大的模糊性。本书将站在工业企业的角度对碳资产等相关概念进行界定、识别和分类，厘清碳资产的内涵及其类别，拓宽企业碳资产的研究范围。这对企业摸清自身减排状况、提升竞争力、获取未来可持续发展的权利都有着重要的意义。

2. 丰富了低碳竞争力理论

目前，研究企业低碳竞争力的文献还较少，且学者们对低碳竞争力的研究主要停留在国家、区域层面，而本书的研究拓宽了低碳竞争力的研究思路，为区域、国家低碳竞争力研究奠定了基础。企业竞争力水平是国家竞争力的重要体现，越来越多的学者关注企业的竞争力。本书在查阅国内外相关文献、深入工业企业进行调研及在专家咨询的基础上，探索影响企业低碳竞争力的因素，进而确定企业低碳竞争力评价指标，构建出一套科学的评价指标体系，这对企业的低碳竞争力评价有着重要的理论意义。

评价企业的低碳竞争能力，需要利用科学的评价方法。通过对传统评价方法的研究，本书找出了相对科学、合理的系统组合评价方法。这种方法在保留专家经验的同时，也尊重了客观数据所反映的信息，进而确定了减排碳无形资产视角下的企业低碳竞争力。企业低碳竞争力的研究既是在微观层面上对企业竞争力的探索，也是对宏观层面竞争力研究的支持。同时，本研究还有利于与企业有利益关系的组织对企业未来的发展做出正确的判断。

3. 丰富了企业竞争力评价的研究成果，拓宽了系统评价方法的应用领域

综观相关文献，针对企业竞争力的评价方法非常多，但学者们多采用单一的方法对评价对象进行评价。每一种方法的运行机制不同，其运用也会存在差异，其评价结果也会经常出现不一致。为了解决这种不一致性，本书构建了一种系统组合的评价方法。开创了企业低碳竞争力评价的新思路。所以，本研究丰富了企业竞争力评价的研究成果，拓宽多种方法相结合的应用领域，具有一定的理论意义。

4. 探寻提升企业低碳竞争力的对策

针对企业低碳竞争力提升的相关文献非常少，学者们多对企业竞争力进行评价，很少涉及如何提升企业低碳竞争力。低碳经济作为一种新型的经济发展模式，被各国所公认，发展低碳经济已成为大势所趋。在这种形势下，探讨企业的低碳竞争力的提升对策有重要的意义。本书深入分析影响企业低碳竞争力的因素，探索提升我国企业低碳竞争力的对策，从企业、政府和社会三个方面提出了相应的举措，这对其他行业的企业也可以起到借鉴和指导的作用，为企业做出科学、合理的低碳发展决策提供参考依据。

（二）研究的实践意义

在实践中，虽然大多数企业都感受到了"低碳"时代的资源及环境压力，也听说过一些诸如"碳标签""碳配额""碳税""碳资产"等新名词，意识到了提升低碳竞争力的重要意义。但对如何采取相应的措施、如何提升企业自身的低碳化水平、培育低碳竞争力却很茫然。企业对什么是"碳资产"、"碳无形资产"以及怎么开发、培育并积累"碳资产"了解甚少，这极大地制约了我国企业低碳经济的发展。因此，在低碳经济环境下，识别碳资产，将企业低碳竞争力的提升纳入企业的发展战略，有重要的实践意义。找出哪些碳资产的开发空间大，对其进行开发，由此形成企业一种可持续发展的筹码，形成一种竞争能力，是当前企业所面临的紧迫任务。本研究，可以帮助企业识别碳资产及相关概念、了解企业自身的低碳状况，提出企业低碳竞争力的提升对策。同时，还可以为企业提供竞争力评价信息，掌握企业自身的竞争力水平，为企业改善经营状况、制定低碳发展战略提供有力的信息支持。

在西方国家的低碳压力下，各种碳壁垒纷纷而来，中国企业持续发展的压力也越来越大。作为世界上最大的发展中国家，与西方发达国家相比，中国企业所面临的环境有所不同，《京都议定书》第一期承诺期并没有强制规定中国的减排责任，当下我国企业减排意识淡薄，西方的最新理论和管理方法很难直接推广。有鉴于此，笔者希望通过针对我国企业自身的状况，对其低碳竞争力进行评价研究，来发现企业自身的不足，并最终为提升企业的整体竞争力提供一定的借鉴和指导。

第二节　研究目标与内容

一　研究目标

通过文献查阅以及对部分企业调研、专家的咨询等，界定并识别企业碳资产、碳无形资产，同时对碳资产、碳无形资产进行科学的分类。在碳无形资产分类的基础上，选定企业低碳竞争力的评价视角，并通过科学的方法分析企业低碳竞争力的影响因素。查阅国内外权威期刊及有影响力的竞争力评价报告，构建出科学的低碳竞争力评价指标体系。在此基础之上，具体到某一行业，即构建出企业低碳竞争力评价指标体系；寻找一种科学合理的评价方法，继而对样本企业低碳竞争力进行评价；深入探索企业减排碳无形资产的开发模式及路径，提出提升我国企业低碳竞争力的对策。

二　研究内容

本书围绕企业"碳资产"进行研究，在对碳资产进行界定、识别及分类的基础上，对企业的低碳竞争力进行评价。探讨的问题主要有以下几点。

（一）对企业"碳资产"的界定、识别与分类

本书对"碳资产"进行了综述，发现《联合国气候变化框架公约》、《京都议定书》和《哥本哈根协议》的签署和生效为国际合作

应对气候变化提供了基本的法律框架，也为"碳资产"的出现奠定了基础。碳资产的内涵随着政治制度的变化而不断充实，其概念也在发生深刻的变化。笔者深入企业进行了大量的调研，按照科学的方法对"碳资产"进行界定、识别，并对其进行分类。

（二）企业低碳竞争力的研究

本书对企业低碳竞争力的概念及特征进行了归纳和总结，提出了企业低碳竞争力与传统竞争力的异同。在全球低碳背景下，企业竞争力评价中含有越来越多"碳"的因素，传统的竞争力评价正发生一些由时代因素引起的深刻变化。在对企业低碳竞争力概念进行总结的基础上，笔者对"碳资产"与企业低碳竞争力的关系进行了分析，即分析企业低碳竞争力与传统企业竞争力的差异，提出提升企业低碳竞争力的对策。

（三）企业低碳竞争力影响因素及评价指标的研究

企业低碳竞争力有别于传统的竞争力，本书将站在企业自身减排的角度，即以减排碳无形资产为研究视角探索影响企业低碳竞争力的因素。通过对相关文献进行检索，提取有关企业碳排放影响因素的文献，从中筛选出有关加工制造业企业的文献。通过对相关文献的研读和归纳整理，笔者找到学界所认可的影响企业低碳竞争力的因素。在确定评价维度的基础上，本书将采用科学的方法对企业低碳竞争力的评价指标进行探索。在对行业分析的基础上，构建基于减排碳无形资产的企业低碳竞争力评价指标体系。

（四）企业低碳竞争力评价方法研究

针对单一的综合评价方法侧重点不同而引起的种种弊端，本书尝试探索一种较为科学的评价法，弥补单一综合评价法的缺陷，使其结果更为科学、合理。对企业低碳竞争力评价方法、模型的探索是本研究的内容之一。

（五） 案例企业的低碳竞争力评价研究

本书选取我国部分上市公司为研究对象，根据收集到的数据资料，利用所构建的指标体系和评价方法对样本企业的低碳竞争力进行评价，并对评价结果进行检验。最后，得出系统组合评价结论，并根据结论探究企业减排碳无形资产的开发模式及流程。

（六） 提升企业低碳竞争力的对策研究

在对样本企业进行评价的基础上，本书根据评价结果从企业、政府和社会三个层面提出提升企业低碳竞争力的对策。

第三节　本书的研究思路、结构安排与研究方法

一　本书的研究思路

在前人研究的基础上，本书首先对"碳资产"进行挖掘，选取科学的方法对其进行界定和识别，并选取科学的分类标准对其进行分类，探索企业碳资产与低碳竞争力的关系，进而提出碳资产与企业低碳竞争力的统一性。其次，以减排碳无形资产为研究视角，构建企业低碳竞争力的评价指标体系。再次，选取钢铁行业的部分上市公司为研究对象，采用系统组合的评价方法对其低碳竞争力进行评价研究，分析部分钢铁公司排名靠后的主要原因，探索减排碳无形资产开发的主要模式和流程。最后，从企业、政府和社会三个层面提出提升企业低碳竞争力的对策和建议。

二　本书的结构安排

本书共分为八章，各章的主要内容如下。

第一章绪论。在回顾研究背景的基础上提出本书拟研究的问题，即碳无形资产视角下企业低碳竞争力的评价；提出并分析本研究的理论和实践意义；对本书的研究目标以及研究内容进行了初步介绍；继而，对本书的研究思路、结构安排以及研究方法等进行阐释；最后，提出本研究的技术路线与创新点。

第二章基本理论与文献综述。本章主要梳理与本研究相关的基本理论，综述当前国内外文献中有关低碳经济、碳资产等方面的研究成果，发现并总结现有研究的不足之处。为碳资产、碳无形资产的界定、识别提供理论依据，为后文低碳竞争力的评价奠定基础。

第三章碳资产的界定、识别与分类。本章首先回顾国际相关环境会议对"碳资产"的"寻根"，探寻其起源、发展的历程。追溯到《联合国气候变化框架公约》《京都议定书》的签署可以发现，碳资产其实是一种政治制度下的产物，该资产与环境会议中的相关政策和议题分不开。既然碳资产是一种基于政治制度的资产，它的内容就会随着制度的变化而不断充实，其概念也在发生深刻的变化。本章从相关环境会议及经典文献开始探索，并深入两家具有代表性的企业进行调研，界定并识别碳资产，进而对碳资产进行分类。

第四章企业碳资产与低碳竞争力关系分析。在综述相关文献的基础上，本章提出了企业低碳竞争力的内涵及特性，并对我国企业总体的低碳竞争力的现状和存在的问题进行了剖析，同时分析了企业"碳资产"与其低碳竞争力的关系机制。经过分析，提出了构建企业低碳竞争力的两个内在条件，以及企业通过"碳资产"提升其低碳竞争力的动机，并对企业"碳资产"产生其低碳竞争力的运行机制加以分析，并提出两者具有统一性。

第五章基于减排碳无形资产的企业低碳竞争力评价指标体系的构建。通过文献研究，综述了企业减排碳无形资产视角下企业低碳竞争力的影响因素，通过参考国内外权威期刊以及学者们的著作等论及有关企业低碳竞争力指标的相关文献，构建出企业的低碳竞争力评价指标体系。因为行业不同其具体评价指标可能会有所不同，所以本书在参考前文所构建指标体系的同时，对部分钢铁企业进行调研，充分参考专家的意见，构建出基于减排碳无形资产的钢铁企业低碳竞争力评价指标体系。

第六章系统组合评价方法的构建。本章主要通过综合评价法和组合评价法构建了一种系统组合评价方法模型。首先构建一个综合评价的方法集，继而对样本企业进行综合评价，本书选取主观评价法（G1 法、集值迭代法）和客观方法（TOPSIS 法、熵值法）相结合的方法对其进行综合评价。为了确保前面四种评价结果更加科学、合理，本书运用组合评价方法模型对四组评价序列再次进行评价，并对其结果进行对比，最终确定评价结果。

第七章减排碳无形资产视角下钢铁企业低碳竞争力评价。本章主要是运用系统评价方法对样本企业低碳竞争力做出评价。选取钢铁行业的 12 家上市公司为研究对象，收集相应的数据，运用评价方法对其低碳竞争力进行评价，对比企业间所存在的差距及探寻企业低碳竞争力低下的根源。最后，提出了减排碳无形资产的开发模式及流程。

第八章提升企业低碳竞争力的对策建议。本章主要根据实证分析的结论，即部分企业低碳竞争力低下的具体情况，通过企业、政府和社会三个层面来探讨提升企业低碳竞争力的对策。

本书的最后部分为结论与展望。该部分对全书研究内容进行归纳、总结，得出结论，简要分析本研究对企业低碳发展做出的学术贡献。最后，分析本书研究存在的不足之处，并对后续的研究进行展望。

三　本书的研究方法

（一）文献研究法

目前，与工业企业碳减排相关的研究很多，已经有了很深的理论积淀。首先全面、系统地检索、整理、分析碳减排、碳资产的相关文献。通过对相关文献的研究，掌握国内外理论界和学术界对企业碳减排的最新研究进展，并对相关的研究成果进行归纳和总结。通过研究《联合国气候变化框架公约》《京都议定书》等法规及协议和一些权威数据库检索系统（例如 Web of Science、CSSCI 检索等）的文章，整理相关的经典文献，并采用"属加种差定义法"对企业碳资产进行界定，在此基础上对其进行识别与归类研究，最后整理出碳资产的种类。此外，笔者还从核心文献中筛选出有关碳减排的文献，通过对相关文献的研读和归纳、整理，进而构建出较为科学、合理的评价指标。搜集、筛选、整理相关文献，通过对文献的反复研究形成对事实的科学认识，是本课题研究性学习的任务之一。

（二）比较分析法

不同的学者对"碳资产""企业低碳竞争力"的内涵理解不尽相同，因而对评价指标体系的看法不同，这就需要运用比较分析法对已有文献进行研究。通过阅读大量的文献，比较国内外与"企业竞争力""企业低碳竞争力评价方法""企业低碳竞争力指标体系"

等相关文献，来确定企业的低碳竞争力评价方法和指标体系。

（三）因素分析法

因素分析法能够把影响企业低碳竞争力的诸多因素归类为几个具有代表性、典型性的因素。这些因素数量尽管变少了，但是各个因素相互联系，且其信息量足以决定所研究事物的本质特征。笔者利用对企业实地调研、专家咨询和问卷调查等方法来对企业低碳竞争力的影响因素进行筛选，识别企业的"碳资产"，分析影响企业低碳竞争力的深层因素。

（四）实证分析法

本书对决定企业低碳竞争力的直接、间接影响因素进行分析，需要通过专家咨询及问卷调查等方法来获取相关的信息。此外，采用实证研究法对企业低碳竞争力进行评价。本研究选取钢铁行业典型的上市公司为研究样本，进行实证研究，对其企业的低碳竞争力做出评价。

第四节　本研究的技术路线与创新点

一　本研究的技术路线

本研究涵盖以下子项目：（1）碳资产、碳无形资产概念的界定、识别、分类；（2）企业低碳竞争力影响因素的探索；（3）企业低碳竞争力评价模型的构建；（4）企业低碳竞争力评价及实证；（5）提升企业低碳竞争力的对策建议。这几个子项目具有相对独立性，可以自成体系，又能层层递进，整合起来构成了本书的研究内容。具体技术路线如图 1 - 1 所示。

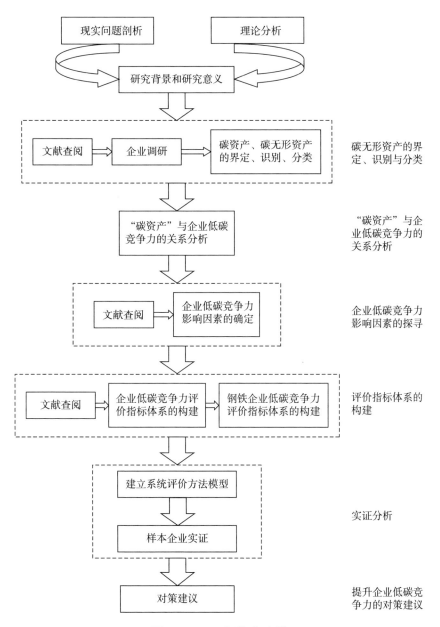

图 1-1　研究技术路线

二 本研究的创新点

本研究具有以下三方面创新点。

（一）"碳资产"的界定、识别及分类

本书在对相关文献研究的基础上，采用"属加种差定义法"对"碳资产"进行界定；按照时间序列对相关环境会议及文献进行了梳理，结合人类对温室效应的认知，综述并提出了"碳资产"的相关概念；在文献研究的基础上，提出"碳资产"的出现经过了萌芽、探索、曲折中发展、成熟四个阶段；依据价值链，选取相关企业进行案例调查，识别了企业"碳资产"；按照不同的分类标准对碳资产进行了类别的划分。

（二）基于减排碳无形资产的企业低碳竞争力评价指标体系的构建

利用经典文献研究法及专家咨询等方法，本书构建了基于减排碳无形资产的企业低碳竞争力评价指标体系。本书选取高排放的钢铁行业为研究对象，鉴于不同行业的企业其低碳竞争力具体的评价指标会存在一些差异，在参考前文所构建的指标体系的同时，对部分钢铁企业进行调研，充分参考专家的意见，构建了基于减排碳无形资产的钢铁企业低碳竞争力评价指标体系。通过科学的方法，获取竞争力的评价指标体系为一创新点。

（三）企业减排碳无形资产的开发研究

本书从减排碳无形资产的视角出发，以钢铁企业为例对其低碳竞争力进行评价研究，在此基础上，针对目前我国钢铁企业的减排碳无形资产开发不足的状况，提出了企业减排碳无形资产的开发模式和开发流程。该研究既有利于企业把握自身减排碳无形资产的开发程度，又有利于企业针对低碳竞争力的提升做出具体的培育工作。

本章是本书的第一章即绪论，主要内容是引出本书所要研究的问题并对其所涉及的内容和方法等进行简要分析和说明。本章的内容主要包括以下部分：通过研究背景的介绍，阐述本研究的理论意义和现实意义；提出了本书所要研究的问题并指明了研究的必要性；对本书的研究目标、内容、研究方法进行了论述；通过结构的安排、技术路线及本研究创新点的介绍等呈现出本书的逻辑思路。

第二章
基本理论与文献综述

气候变化是环境问题，也是经济学问题，更是发展问题。随着工业的飞速发展，人类温室气体的排放数量与日倍增，给人们的生产、生活带来了严重的威胁。在全球低碳背景下，如何提升企业的低碳竞争力，是企业在低碳浪潮中取胜的关键。因此，作为未来企业参与全球竞争的重要筹码，低碳竞争力就成为低碳领域的重要议题，本章将对与本研究相关的理论进行梳理，并对相关研究现状进行综述。

第一节　碳资产的演进与发展

在未形成完整的会计理论和原则之前，对资产的定义可以追溯到 20 世纪初期经济学家所提出的理论，如 1907 年美国经济学家 C. E. Sprague 在出版的 *Philosophy of Accounts* 一书中，认为资产是以前所提供服务的聚集和将要获取服务的贮存；1929 年出版的 *Economics of Accountancy* 提出资产是指处于货币形态或可转换为货币的未来服务，之所以将这些服务称为资产是因为这种服务对某一些人有用。20 世纪四五十年代会计准则已经基本形成，此时资产的内涵发生了很大的变化。1953 年，美国注册会计师协会提出：资产是依据会计的原则和规则所形成的事物，该事物结转到账户借方余额。1970 年，美国会计原则委员会认为资产是一种特殊的资源，该资源按照公认的会计原则确认和计量。到 20 世纪 70 年代后期，会计界从经济学角度对资产进行界定，且逐渐明确。最典型的界定是美国财务会计准则委员会所提出的："资产是一特定主体因为过去的交易或事项而形成的，并为主体拥有或控制的、可能的未来经济利益。"这一界定被学界普遍认可，将未来的经济利益看作资产的根本特征，反映了资产的核心和本质，但没有考虑未来经济利益难以准确、可靠计量这一问题。1992 年，中国发布了《基本会计准则》，将资产定义为"能够用货币计量的经济资源"，采取了一种折中式的处理方式，避免了未来经济利益过于抽象、无法计量与会计规则所确定资产的不合理的逻辑，有一定的合理性，但同样是阶段性的产物。资产具有"与时俱进"的性质，要用发展的眼光看待资产，资产理论也将随着时代的变化而发生演变，不能仅从会计的假设、目标出发。

在资产演进的进程中，无形资产尤为活跃。整个无形资产系统是一个开放的系统，随着经济、社会、文化、科技和管理的发展，无形资产系统的构成要素将会不断丰富与发展（于玉林，2011）。随着企业经营理念的转变和面对的发展形势的变化，无形资产的概念不断变化、内涵不断充实。在会计核算上，《企业会计准则第 6 号——无形资产》在内容方面有了很大的改变，新规则下的无形资产是指企业拥有或控制的没有实物形态且可辨认的非货币性资产，取消了旧准则中长期资产的时间限制。在广义层面，随着企业资产评估范畴的不断扩增，无形资产所含内容也不断增加，凡是表现为某种法定权利或技术的资产都可以划分为无形资产，具体包括金融资产、货币资金、应收账款、长期股权投资、商标权、专利权等。可以看出，企业无形资产是一个开放的系统，随着政策的变化和发展的需要，所涵盖内容将会不断充实。

碳资产是资产演化的必然产物，是一种基于政治约束的稀缺资源，是企业今后发展所需（刘萍等，2013）。截至目前，学界对碳资产的概念还没有明确的界定，一般用"碳资产"表示存在低碳贡献的一切资源，还没有对碳资产进行详细划分（高喜超，2013）。伴随气候的不断恶化，人类面临着生存和发展的巨大威胁。气候变化是环境问题，也是国际政治问题，归根结底是发展问题。20 世纪末，人类开始对过往的发展历程进行了反思，终于在 2003 年，"低碳经济"这一具体理念第一次在英国被提出，并被其他国家一致认同，低碳经济发展理念也不断得到深化。《联合国气候变化框架公约》的 150 多个成员国及《京都议定书》签署国一致要求将温室气体减排纳入市场机制，这就形成了一种制度框架下的稀缺资源，即在大气层合理的容量范围以内，且不会对人类的生产、生活造成影响的前提下，联合国规定各国碳排放量要受到限制，这就使不同发展层级的国家减排的成本不同，进而形成了一种制度下的碳排放权利，这种权利最终演化为一种具有商业价值的商品，该种商品（权利）就是最初的碳资产（carbon assets）。这种日渐稀缺的资产的产生是基于《京都议定书》规定的"发展中国家与发达国家共同但有区别的责任"这一前提，为这种资产在不同发展层级的国家间产生流动提供了可能性。《京都议定书》规定不同发展层级的国家所承担的减排责任不同，发达国家在其工业发展的历程中排放了大量的温室气体，而发展中国家工业起步晚，其碳排放量较少，人们物质生活还不富足，故发达国家应当承担主要的减排责任。但是碳的减排权利（碳资产）在发达国家和发展中国家的分布不同，其数量也就不同。除此之外，在能源利用效率与技术上也存在很大的差异，发达国家拥有核心的低碳技术，其能源碳排放量相对较少，进一步降低碳排放的难度很大。而在发展中国家却恰恰相反，其能源利用率普遍不高，减排空间较大，成本也相对较低。这就导致不同发展层级的国家对同一减排单位要付出的成本可能会不同，也就形成了高价差，最终为国际碳交易市场的形成创造了必要的条件。

Marland（2001）第一次提出了"碳资产"这一概念，他认为碳资产体现的就是单位二氧化碳排放权凭证的交易价值。此后，学界开始对碳资产的内涵和外延进行了大量探索，但还是主要围绕碳排放权利展开研究。世界银行（2006）给出了碳资产的定义，碳资产是指经济主体实施了温室气体减排计划相对于未实施该计划而产生的减排量。韩立岩等（2015）考虑到碳排放权利的资产属性，认为碳资产是经济主体因为实施了温室减排项目，向大气中排放的温室气体低于政府规定的基准量，从而带来的经济利益。部分学者从相关会议入手结合碳交易的实践，进行了微观层面的研究，拓宽了碳资产的范围，例如 Julien（2009）认为碳资产是指交易主体所拥有的二氧化碳的存量以及由其衍生的金融产品，其价格与原油、天然气、煤炭类似。高喜超（2014）认为如果某公司的碳排放量低于目前的行业基准，那么减少的碳排放量就是对采用新技术的公司的一种有利的资产。Christoph 等（2005）认为碳资产主要包括项目碳资产和配额碳资产，提出碳资产的价格受多方面因素影响。Takashi（2012）提出碳资产包括配额碳资产（例如 EUAs）和核证减排量

（例如 CERs），属于一种无形资产，与大宗的实物资产相对应，较容易处理，不像石油、天然气受到各种限制。Erhun 等（2012）认为森林碳汇是一种碳资产，可以通过碳交易市场对指标进行交易。也有学者提出碳资产的界定不应该仅仅局限于减排量，例如 Bigsby（2009）认为碳资产不能仅局限于碳信用，所有能吸收二氧化碳的土壤和森林、草地等自然资源都是碳资产。韩立岩等（2015）认为改进碳排放的生产活动所形成的资源也应该归结为碳资产，这部分资源预期会产生利益，例如碳存货、低碳设备、低碳技术、碳排放权、低碳耗费等。Jonathan（2009）指出气候变暖形式下企业获得竞争优势需要注意开发技术类碳资产。随着人类应对环境问题的低碳活动不断走向深入，碳资产的内容不断丰富，其涉足的领域也不断得到拓展。

现有的文献，鲜有对碳资产进行划分的提法。范莉莉等（2015）认为碳资产应该是一个资产包，所涵盖的内容和涉及的领域都很广，根据是否具有实物形态来看，可以分为碳有形资产和碳无形资产。韩立岩等（2015）认为根据碳资产的生产形态和所涉及的生产活动，可以将其分为固定资产（有助于碳减排的设备）、无形资产（低碳技术、低碳工艺等）、生物资产（草地、森林等用于产生碳汇的资源）和交易性金融资产（由于投资目的而产生的碳排放权）。刘萍等（2013）从微观层面将碳资产分为碳交易的基础产品和衍生产品两类。Takashi（2012）将碳无形资产分为配额碳无形资产和项目碳无形资产。Jiang 等（2019）认为碳资产是企业所拥有或者控制的在低碳经济领域有助于降低碳排放的有形资产和无形资产，该资产对企业有低碳贡献，预期会给企业带来经济利益。Hepburn 等（2006）提出未来碳资产将是一个非常大的范畴，不仅仅局限于《京都议定书》的三种机制，并提出未来"碳资产"将涉及企业的多个领域。

王留之等（2009）提出了排放权的质押贷款、碳排放权利的证券化等八种碳无形资产衍生品。

可以看出，"碳资产"是一种新兴的、特殊的、具有一定复杂性的事物，是伴随人类对生存环境的再认识而提出的一类特殊的资产。目前，对于碳资产的界定还不完善，带有一定的模糊性，迫切需要对"碳资产"进行梳理、总结、概括。

第二节　企业竞争力的相关研究

（一）企业竞争力内涵

目前，有关企业竞争的研究成果非常丰富。Hymer 在 MIT 所作的博士学位毕业论文《国内企业的国际经营：一项关于对外直接投资的研究》中第一次提出了企业竞争力。随着经济的快速发展和企业生存环境竞争的日益激烈，企业竞争力被广泛应用，涉及学界、企业界、政界等领域。世界经济论坛（WEF）（1994）对企业竞争力进行了界定，提出企业竞争力就是指在全球市场上，企业所能获取的财富超出其他企业的数值。李卫东（2009）等认为企业竞争力是企业获取资源的能力。尹子民等（2003）认为企业竞争力是同其他企业相比的生存能力和可持续发展的能力，该种能力来源于企业生产要素的科学配置。Porter（1990）认为企业的竞争力来源于其外部环境，强调企业的市场力量。金碚（2001）认为企业竞争力主要体现在产品和服务上，指的是企业可以持续向市场提供良好的产品和服务的能力，企业通过这种能力可以持续获取利润，其主要来源于四个方面，其一主要是指企业的"关系"状况，即企业与竞争者、社会、政府等建立起来的各种关系；其二主要是指企业所拥有的各种资源，即企业所拥有的各种有形的和无形的资源，这些资源预期会给企业带来各种收益；其三是可以确保企业可持续发展的"能力"；其四是本身可以物化为企业的"知识""资源""学识"，且不受物质资源约束的能力。胡大力（2001）认为竞争力由企业的资源、能力及环境共同决定，三者缺一不可。Prahalad 等（1990）认为企业竞争力是一种经济主体累积性的学识，是关于协调不同的生产技能的学识。曹建海（2000）从能力角度提出，企业竞争力就是一种综合能力，这种能力可以整合企业所拥有的各种资源，并通过企业的产品和服务得以表现，可以使企业获取更大的市场份额，获得长期利润。

此外，也有部分学者从资源角度来理解企业竞争力。Wernerfelt（1984）提出企业竞争力其实是由企业的一种知识性资源产生的竞争优势，这种资源既有有形的也有无形的。Barney（1991）认为企业的竞争力表现为一种能力，这种能力是企业获取竞争力的源泉，能给企业带来利润，这种能力难以被学习和替代，但可以通过一些方式进行培育。范莉莉等（2010）提出隐性知识是企业竞争力的来源，强调集体共识。

综上，学者们依据不同的理论基础，从不同的角度阐述了企业竞争力的观点。总体来看，企业竞争力所涵盖的主要包括企业内在能力、自身资源和企业所面对的竞争环境等。随着竞争力理论的发展，学者们也开辟出了一些新的领域，诸如企业核心竞争力、绿色竞争力等。

（二）企业竞争力评价研究

目前，涉及企业竞争力评价的研究成果非常丰富。综观所有文献，其研究主要集中在两个大的领域，其一是评价指标体系的相关研究，该部分研究目前还没有形成统一的认知；其二是评价方法的探索，而以往的研究主要是采用单一方法对评价对象进行评价。

　　WEF 和 IMD 所提出的评价指标体系被国际所公认，并一度成为该领域的权威，其文献引用率相当高，并被运用到大量的评价实践当中。世界经济论坛（World Economic Forum）对企业的竞争力指标也有所阐述。瑞士洛桑国际管理发展学院（International Institute for Management Development）每年都会出版《世界竞争力年鉴》，对企业的竞争力所涵盖的要素给予总结。无论是瑞士洛桑国际管理发展学院还是世界经济论坛所提出的指标体系都是将企业作为一个整体来评价，没有具体的有关企业内部发展的指标，其所提出的指标体系对建立和完善企业内部的评价指标体系有着重要的指导意义。一些世界著名的管理学家也提出了相应的评价指标体系，例如 Porter（1990）第一次提出产业竞争力包括相关产业发展水平、要素状况、市场需求、机遇、政府、竞争对手状况六个因素。除此之外，一些世界著名的杂志也定期出版一些评价指标，也被广泛关注，并得到学者们的认可，例如 *Fortune*，*Forbes*，*Businessweek*，*Financial Times* 等。

　　近年，随着我国市场经济的不断发展，国内一些权威机构和学者出版了多种企业竞争力评价指标体系。其中比较有影响力的有以下几个：中国企业联合会通过大量的调研，提出企业竞争力评价指标体系主要包括经营效益、管理水平、人力资源、科技进步、财务状况等七个方面，该指标体系包括 39 个定量指标和 26 个定性指标；中国社会科学院给出了含有人力、技术、管理水平等在内的 16 个指标；王建华等（2014）认为企业竞争力来源于企业的各种能力、资源以及经营环境和产品市场占有率等，并根据其影响因素构建了相应的指标体系。胡大力（2001）设计了 12 个大要素 70 个指标的指标体系。席酉民（2004）提出企业集团竞争力构成要素主要包括资源要素、组织要素、制度要素和外部环境。张进财等（2013）构建了含有内部资源和能力及外部产品市场、社会效益、国际化水平在内的评价指标体系。胡鞍钢等（2013）构建了含有做大、做强、做优、做绿、做和五个维度10个指标的国有企业竞争力评价指标体系。范莉莉等（2010）将企业无形资产作为企业整体资源系统，对企业核心竞争力进行了系统评价。

在评价方法方面，相关文献多种多样。根据结果的属性不同，可以将评价方法分为排序评价法、操作型评价法、定性评价法、分类评价法。金碚（2001）将定性分析法分为因素分析法和内涵解析法，Prahalad 等（1990）采用文字描述法，Klein 等（1998）采用网络图法，Henderson 等（1994）采用的元件—结构法是半定量与定量结合的方法。管理学界还提出了一些著名的竞争力分析法，例如 SWOT 法、Customer Matrix 法、波士顿矩阵法等。而现代评价多采用综合评价法，主要有主成分分析法、因子分析法、数据包络法（DEA）、聚类分析法、距离综合评价法、层次分析法（AHP）、模糊综合评价法、灰色关联度评价法和神经网络评价法等。一些著名的期刊也刊登了很多有关评价方法的论文，例如 *Decision Sciences*，*Management Science*，*European Journal of Operational Research* 等，国内的期刊主要包括《系统工程理论与实践》《管理世界》《南开管理评论》《管理科学学报》《中国工业经济》《系统管理学报》《预测》等。相比而言，国内的研究还滞后于国外，国内学者多在拓展一些国外学者所提出的方法，多属于归纳性的总结。通过对相关文献的整理，本书总结出了学界常用的评价方法（见表 2 – 1）。

表 2 - 1　常用的评价方法汇总

方法类别	方法名称	方法描述	优点	缺点	应用范围
定性法	德尔菲法	多次征询专家，用信件背靠背评价，汇总，收敛，得出符合事物发展规律的预测结论	充分利用专家的经验，综合性比较强，需要的数据资料比较少，可以考虑到很多因素，易于操作（蔡兵等，2007）	受评估者的主观因素、理论水平和时间经验的影响很大，多人评价时结论难收敛，不同的评估者对同一问题可能做出不同的判断	多用于难以用数据进行量化的、宏观层面行为决策的问题（陈国宏等，2007）
	专家会议法	召开相关会议，咨询各位专家，将各位专家的意见进行汇总，最终得出评价结果			
模糊评价法	模糊综合评价法	根据模糊数学的隶属度理论，将定性问题定量化，即用模糊数学对评价对象做出一个总体的评价	得出的结果非常清晰，系统性强，能较好地解决模糊的、难以量化的问题	其计算较为复杂，对指标权重各值的确定主观性较强（李卫东，2009）	企业核心竞争力评价、技术创新评价、绩效评价等存在模糊性的评价对象
统计分析法	聚类分析法	聚类分析是一种多元统计分析法。该方法将性质相同的事物归属到同一类。目的在于使同类间元素的异质性最大化，类间元素的同质性最大化	对于相关程度比较大的评价对象这种方法比较方便，结果清晰，直观，结论形式比较简明	需要大量的数据，难以反映客观发展水平，当样本量较大时，采用该方法获得聚类结论存在一定的困难	消费行为划分、企业分类评价、细分市场、设计抽样方案等（陈华荣等，2010）

续表

方法类别	方法名称	方法描述	优点	缺点	应用范围
统计分析法	因子分析法	利用降维的思想，对原始标量的相关矩阵进行研究，找出公因子	全面、客观、可比较，利用降维思想，用综合变量来代替原始多个变量，保留了原始变量的大部分信息	因子载荷符号交替，使得函数意义不明确，需要的数据样本比较大（李卫东，2009）	创新能力、股票、核心竞争力评价等
	主成分分析法	利用降维的思想，从指标体系中选出具有代表性的指标，保留绝大部分信息			地区产业竞争力
智能化法	人工神经网络法	模拟人脑智能化处理过程的人工神经网络技术	具有自适应能力，可容错性；能够处理非线性等复杂系统	计算精度难以保证，需要大量训练样本（范莉莉等，2010）	复杂系统评价、企业竞争力评价（高营超，2014）
灰色综合评价	灰色系统法	企业竞争力评价系统具有信息不完全，或者"灰色"的特征。构造出最优样本，计算各样本与最优样本的关联度。关联度越大为越好	可处理灰色信息，计算量小，数据要求低（范莉莉等，2010）	需要大量数据，精度要求高（李卫东，2009）	企业经济效益评价、技术评价、竞争力评价等
信息论法	信息熵理论评价	通过原始数据的信息熵来进行评价，信息量越大，熵也就越大，不确定性就越小	全面、客观、可比较，客观赋权可信度和精度都很高	缺乏指标的横向比较，权重依赖专家样本，难以吸纳专家的意见（苏为华等，2014）	企业竞争力评价、项目投资评价等

续表

方法类别	方法名称	方法描述	优点	缺点	应用范围
粗糙集法	粗糙集法	一种处理模糊性和不确定性的新型数学工具	处理模糊性和不确定性，客观性	处理较复杂、工作量大（鲍新中等，2009）	股票数据分析、经济与工商领域等
多目标决策分析法	TOPSIS法	根据各被评估方案与理想解和负理想解的距离来排列方案的优劣次序	几何意义明确，计算操作清楚	未考虑各指标间的相互关系（刘艳春，2014）	一般性系统评价
运筹学方法	DEA方法	是一种基于相对效率的方法，多输入、多输出对同类型单位进行评价	对多输入、多输出的大系统评价具有很强的优势	仅表示出评价对象的相对发展水平、难以表达出现实发展水平（喻登科等，2012）	用于较多企业竞争力评价、企业效率评价等
层次分析法	层次分析法	将一个复杂的多目标决策问题作为一个系统，将目标分解为多个目标或准则，再分解为多个层次、确定权重，最终优化决策	所需定量数据信息较少、可靠度比较高，误差小、简洁实用	定量数据较少，定性成分多，特征值和特征向量的精确求法比较复杂	企业竞争力评价、成本效益决策等
标杆法	标杆测定法	在世界范围内寻求最佳实践，确认最佳做法，并为自己提出改进方案的一种方法	全面系统、操作性强，易于发现差距	工作量相对较大（初颖等，2004）	适用于案例研究
指数法	综合指数法	通过计算得出各项指标的均值，进而得出综合评价结果	简便易行，可对同行业企业进行评价	对不同行业企业无法进行比较（李卫东，2009）	竞争力、绩效评价等

（三） 低碳竞争力

目前，有关低碳竞争力的文献主要包括企业、城市、区域、国家四个层面，其中对城市和国家低碳竞争力的研究较多，针对企业层面的文献较少（Esther 等，2012）。金小琴等（2013）认为低碳竞争力反映了一个国家或地区在低碳效率、低碳环境、低碳科技等方面的综合水平，并对我国西部地区各省低碳竞争力进行了评价。《20国集团（G20）低碳竞争力》是国际上较有影响力的研究报告，从宏观的角度界定了低碳竞争力，文中提到低碳竞争力是在未来低碳发展的趋势下，各国人民持续创造财富的能力，并用低碳竞争力指数、低碳改善指数和低碳差距指数三个指数对 G20 中除欧盟以外 19个国家的低碳竞争力进行整体评估。

在企业层面的低碳竞争力研究中，Huang 等（2009）等认为企业低碳竞争力是指企业在整个产品生命周期中降低碳排放的能力，并提出在产品生产中碳排放只占供应链的 14% 左右，强调产品碳足迹的作用。Lee 等（2010）将低碳竞争力定义为组织所拥有的一种特殊能力，这种能力通过低碳技术、产品或服务创造持续的经济价值。Jiang 等（2019）认为企业低碳竞争力是企业降低碳排放的能力，这种能力有助于企业的可持续发展。黄山等（2013）利用战略管理的资源基础观（RBV）、市场基础观（MBV）、认知基础观（CBV）和制度基础观（IBV）分析了制造企业低碳竞争力的来源，并提出了制造企业的低碳价值创造系统。徐建中（2011）提出了企业低碳竞争力网络结构的构成要素，并依据耗散结构理论，研究了其运行机制和运行轨迹，提出了企业低碳竞争力的形成过程和培育方法。施若（2014）认为钢铁企业低碳竞争力是一个包含企业规模及资源状况、运营、能耗等的系统。袁小量（2012）提出参与者、低碳能源、技术、资金、管理、文化是制造企业低碳竞争力的六个构成要素，并对企业低碳竞争力与传统竞争力进行了比较。朱利明（2013）提出大型发电企业低碳竞争力主要来源于低碳技术、管理制度、文化建设等。熊焰（2010）以及张超武等（2011）分别分析了企业社会责任与企业竞争力的关系，提出了在发展低碳经济过程中企业应当承担的社会责任；董秋云（2011）探讨了企业发展低碳经济的作用、途径以及发展阶段等，并提出形成低碳核心竞争力将是企业持续发展的必然趋势。马中东等（2010）论述了企业的内生型环境战略是通过技术创新和制度创新主动进行污染防治和产品管理，不仅可以使企业获得成本优势，还可以提升企业的低碳竞争力，从而实现环境保护与企业竞争力提升的双赢。

综上，全球低碳发展的需要，改变了企业传统竞争力的固有内涵，企业低碳竞争力作为企业传统竞争力的"延长"，更加强调经济与环境并重的理念，两者协调发展，即在兼顾企业经济利益的同时，承担起应有的环境责任。企业低碳竞争力有别于传统的竞争力，两者对比见表 2 - 2。

表 2 - 2　企业低碳竞争力与传统竞争力比较

比较维度	传统竞争力	低碳竞争力
经营战略	最大限度获取利润	低排放、注重综合效益
经营目标	追求稳定收益	创新、改革、学习，目标多元化
企业管理理念	专业化、规范化	将企业"外部性"纳入管理体系
长度	注重获取利润	可以视为传统竞争力的延长
组织职能	协调、服务	控制、命令
覆盖面	相对较窄	相对宽泛
发展前景	难以可持续	可持续发展

研究企业低碳竞争力评价的文献还极少。王文良（2013）针对

煤炭企业实际，以生态经济理论为指导，采用科学的方法对指标进行了筛选，最终确定了含有 5 个一级指标和 29 个二级指标的指标体系。曾相征（2012）从生存发展、低碳环保两个方面构建了中小企业低碳竞争力评价体系。朱利明（2013）构建的企业低碳竞争力评价指标体系含有 4 个维度和 11 个一级指标，包括资源、管理、运营、环境四个方面，并运用模糊评价法对样本企业进行了综合评价。张巍等（2014）构建了 3 个二级指标和 20 个一级指标，运用熵值法对省域低碳竞争力做出了评价。陆菊春等（2012）从能源结构、低碳技术利用率、环保能力、碳排放效率、低碳政策五个维度构建了 11 个指标，做了基于区间数的建筑业低碳竞争力评价。晏永刚等（2015）构建了 AHP-EM-TOPSIS 的系统评价模型，采用 TOPSIS 法对重庆市区域低碳竞争力进行了评价。

综上，可以发现针对企业竞争力的相关研究非常丰富，但具体到低碳竞争力评价方面的文献还较少，评价指标体系还不健全，缺乏具有针对性的评价指标体系，难以将低碳竞争力与企业竞争力有效区别开来；在评价方法的选择上多采用单一的综合方法或者模型，每一种方法所评价的侧重点不同，会出现采用不同方法对同一评价对象进行评价结果不同的现象，故这种单一评价法带有一定的局限性，亟须拓展新的评价方法。

第三节　文献评述

综上所述，学界对企业碳资产、碳无形资产、低碳竞争力评价的研究还处在起步阶段，存在很多值得商榷和探索的问题，例如评价的视角过于单一、评价的指标不能突出低碳特性、评价的方法过于陈旧且难以避免单一方法的局限性等。

目前，国内已有研究多涉及环境保护、社会责任等与企业低碳竞争力的关系，从根源上挖掘企业低碳竞争力的文献尚未见到。国外有关资产、碳资产、低碳经济理论与评价的研究成果为本书对企业低碳竞争力的研究奠定了理论基础，也提供了全新的研究视角。但由于国家具有差异，国际上很多通用的评价指标及方法不一定能直接运用到我国的低碳经济发展评价中。国外多从配额、项目碳资产的数量角度来评价企业的低碳竞争力，拥有碳指标的企业就拥有了可持续发展的前提条件，但我国目前还没有构建起全国统一的碳交易市场，政府的碳配额也局限于省域，项目碳资产的产生受到各种因素制约，很多方法学还不完善，所以难以通过指标碳资产来衡量一个企业的低碳竞争力。

笔者认为一个企业的低碳竞争力应该主要通过企业自身的减排能力得以体现，而无论是政府配额，还是企业获取的 CDM 碳指标，都是一种短期的排放指标，其仅仅体现为一种静态的发展许可，而不是企业低碳能力的体现。要从根本上提升企业的低碳竞争力，还应从企业自身着手，即企业的低碳竞争力提升主要依靠企业碳资产的积累。目前，这一研究在国内外均属空白，无论是国外还是国内都没有权威的机构发布具体行业的低碳竞争力评价指标，企业低碳竞争力研究还相对滞后，亟须一套科学的评价体系（Gong 等，2016）。此外，相关的评价方法也过于单一，缺乏主客观结合的思想。

本章围绕全书研究主题，对企业碳资产、企业竞争力、企业低碳竞争力的评价等相关概念进行了梳理，阐述了碳资产、低碳竞争力等相关理论。同时，对相关概念和理论进行了整理与评述，在回顾前人研究成果的基础上，指出了我国钢铁企业低碳竞争力评价研究中存在的缺陷，提出了本书研究的观点和视角。

第三章
碳资产的界定、识别与分类

  日趋严峻的气候形势引起了国际社会的普遍关注，各种与之相关的会议不断召开。1997 年 12 月，《联合国气候变化框架公约》缔约方第三次会议（COP3）通过了《京都议定书》，提出了许多治理温室效应的思路，其根本宗旨是限制人类碳排放量以抑制全球气候变暖，并将重点放在了发达国家，这是第一次以法规的形式来限排。为实现总量控制的目标，《联合国气候变化框架公约》提出 JI、ET、CDM 温室气体交易的三种机制，《京都议定书》的签署将温室气体进行了量化，为"碳资产"的出现提供了法律框架。

  《联合国气候变化框架公约》提出碳排放交易理论的基础是碳排放权，根据不同国家的发展程度，将碳排放权利以一种配额的形式分配给各个国家，并提出了三种交易规则，这为各个国家和地区的碳交易提供了基础理论，最终演化为一种全球性的碳排放权交易模式。对国家而言，可以根据地域或行业分割的情况，将碳排放总量细化给每一个企业，这为企业间的商业交易提供了可能性。随着各种金融工具进入碳交易市场以及企业碳排放的核算、评价方式的增多，企业的碳排放权与财务、金融挂钩后，企业就形成了一些有低碳贡献且形态多样的资产，即碳资产（张鹏，2011）。碳资产是时代的产物，是一种政治约束下的资产，随国际及国家政策、法规的变化而变化，尽管"碳资产"已经存在多年，但究竟什么是碳资产，企业内部究竟有哪些碳资产，每类碳资产有怎样的特征，如何积累碳资产，碳资产与企业低碳竞争力有什么关系，对企业来讲，这些问题还带有很大的模糊性。当前，减排已经被纳入国家战略，政府发展低碳经济的决心不可动摇。伴随低碳经济理论研究的不断深化，学者们认为将减排纳入市场机制是解决环境问题的最有效途径。作为一种制度下的新兴资产，碳资产的概念和内涵随着低碳研究的发展而变化。准确认识以上问题对企业迎接未来的低碳竞争有重要的理论指导意义。

第一节　碳资产概念的界定

目前，学界对碳资产的概念还没有给出明确的界定。通过文献研究，我们筛选出了以下七种具有代表性的观点加以讨论：（1）碳资产是指企业所拥有的在低碳经济领域可能适用于储存、流通或财富转化的有形资产和无形资产；（2）碳资产是体现或隐藏在主体之中的低碳资源，属于一种在低碳经济中有价值的资产；（3）碳资产是一种人为划分的环境资源，是通过相关制度将地球所能容纳的温室气体排放量进行分配的碳排放权利；（4）碳资产是企业所拥有的与碳排放相关的且能够为企业带来直接和间接利益的稀缺资源；（5）碳资产是由企业拥有或控制的，具有流动性和交易价值属性的，可用于排放温室气体的排放权或减排量额度；（6）碳资产是企业所拥有的能给企业带来减排量的稀缺资源；（7）碳资产是指企业实施温室气体减排计划相对于未实施减排计划所产生的温室气体减少量。

从逻辑学角度界定某一概念一般采用属加种差的方法（真实定义法），该种方法的公式可以表述为：被定义项＋定义联项＋定义项，其中定义项的公式为：种差＋临近的属（赵彦春等，2003）。采用属加种差定义法界定某一概念时，首先应要界定"被定义项"邻近属的概念，即要确定"被定义项"属于哪一类；然后，把被定义项所反映的对象同该属概念下的其他种概念进行比较；在此基础上，找出被定义项的特有属性，即找出该被定义项与其他种概念不同的特性，也就是被定义项的种差，将属和种差有机地结合起来就是定义项；最后，通过定义联项将被定义项和定义项连接起来就是一个完整的定义（范莉莉等，1999）。

本书根据属加种差法对"碳资产"的概念进行界定，首先要找出比该概念更大的临近的属。以上七种概念中包含五种属，即资产、资源、环境资源及碳排放权利、稀缺资源、温室气体减少量；其种差主要包括以下六种：企业所拥有的在低碳经济领域可能适用于储存、流通或财富转化（类似的表达：企业所控制）；体现或隐藏在主体之上（类似的表达：企业所拥有）；一种人为划分并分配地球所能容纳的温室气体排放量（类似的表达：人为划分的碳排放量）；企业所拥有的与碳排放相关的能够为企业带来直接和间接利益（类似的表达：企业拥有可以带来利益）；企业所拥有的能给企业带来减排量（类似的表达：给企业带来减排量）；具有流动性和交易价值属性的，可用于排放温室气体（类似的表达：具有低碳价值）。根据属概念的含义可判定前文所述的五种属中，资源是碳资产概念的属；通过对碳资产个体的种差进行逐一考察、比较和归纳，可以找出企业所拥有和控制、具有低碳价值两项为其种差。

根据碳资产概念的属及种差，其概念也就可以定义为：所谓碳资产就是指企业所拥有或控制的在低碳经济领域有助于降低碳排放的资源。即碳资产是企业所拥有或者控制的在低碳经济领域有助于降低碳排放的低碳资源，该资源对企业有低碳贡献，预期会给企业带来经济利益（江玉国等，2014）。可以进一步从宏观和微观层面加以阐释：从狭义层面看，碳资产是指企业所拥有的用于碳排放或者交易的碳指标，企业可以通过实施有助于减排的项目、进行自身碳盘查或者获取政府的碳配额等方式得到该指标（江玉国等，2015）。从广义层面看，企业碳资产是指企业拥有的一种有低碳价值的低碳资源，在企业内部凡是有助于企业降低碳排放的资产都可以认为是碳资产（江玉国等，2014；韩立岩等，2015），它所涵盖的内容非常广，既包括 CERs 也包括 VERs；既包括 CCS 技术，也包括企业的低碳文化；既包括当前的资产，也包括将来的资产。

综上，碳资产作为一种阶段性的制度产物，随着政府政策和制度的变化，其内涵也将发生变化（江玉国等，2015）。随着低碳活动的深化和减排理论的不断成熟，这种低碳资源所涵盖的面将更加宽泛，远远超出碳排放权利的范畴，表现为多种形态，例如可以用于碳排放的政府碳配额表现为一种温室气体的排放额度，CCS 技术代表企业减排技术，低碳设备表现为一种硬性设备，低碳管理制度表现为企业的一种制度框架等。除额度类碳资源表现为一种碳排放的权利外，其他资源都能有助于企业降低碳排放，即额度类碳资源不存在外部性问题，而其他类低碳资源存在正向的外部性。面对政府的限排制度，资源的稀缺性愈加明显，这将促使企业开发并不断积累这种低碳资源。

第二节 碳资产的识别研究

一 基于文献的识别研究

"碳资产"是一种新兴的、特殊的、具有一定复杂性的事物，"碳资产"是伴随人类对生存环境的再认识而提出的一类特殊的资产（Janek et al.，2011）。了解"碳资产"，需要从文献入手，笔者查阅了大量文献，按照时间序列结合人类对温室效应的认知对其进行梳理，发现"碳资产"的出现大致可以分为四个阶段。

第一阶段为萌芽阶段，该阶段从 1972 年 6 月联合国在瑞典首都召开人类环境会议并制定《联合国人类环境宣言》开始，到 1997 年 12 月《联合国气候变化框架公约》缔约方第三次会议（COP3）的举行。这一阶段，人类对 18 世纪中叶工业革命以来的环境问题进行了再认识，这一阶段的相关会议及所组建的组织和达成的协议主要包括 1988 年 11 月 IPCC 的成立，该机构主要由联合国牵头国际气候组织而成立，定期对世界各国有关气候变化研究的结果进行评估，及时发现气候变化的动态及分析造成气候变化的原因；1988 年 12 月联合国召开第 43 届大会，与会国家对气候问题进行了广泛的交流，通过了题为《为人类当代和后代保护全球气候》的 43/53 号决议，这项决议呼吁国际社会要充分重视气候变化问题，并积极采取一些行之有效的行动；1990 年 12 月联合国决定成立气候变化框架公约政府间谈判委员会（INC）；1992 年 5 月 9 日联合国在纽约通过了《联合国气候变化框架公约》；1992 年 6 月在联合国环境与发展大会上，各国签署《联合国气候变化框架公约》；等等。

这一阶段，人类认识到环境恶化是一个不容小觑的问题，召开了多次重要的环境会议，为利用市场机制解决环境问题做了铺垫，但这一阶段还未采取实质的行动，因而也就没有"碳资产"这一提法。

第二阶段为探索阶段，从 1997 年 12 月签署《京都议定书》，到 2005 年 8 月《京都议定书》正式强制生效。《京都议定书》（1997）签署后相继出现了"碳资产"的概念，按照《联合国气候变化框架公约》的设计构想，人类要限制温室气体排放，使其维持在大气层合理的容量范围之内，最有效的办法是将减排纳入市场机制。在大气合理的容量前提下，人为规定限制温室气体的排放行为，由此导致一部分国家碳排放数量或者排放权不足，这种权利最终演化为一种产品，该种产品具有交易的价值属性，这种有价值且具有流动性的产品就是处于探索阶段的"碳资产"。这种资产的产生需要固有的前提条件，即不同经济主体所承担的责任不同，《京都议定书》（1997）明确提到发达国家在工业革命后期的碳排放是造成温室效应的主要原因，因此发达国家要承担比发展中国家更多的责任。基于此，"碳资产"就可以在市场上进行流动，可见最初的碳资产仅是指定量化的碳排放权利，这一阶段属于"碳资产"的探索阶段。

其间，《联合国气候变化框架公约》缔约国组织了 7 次会议，为即将而来的"碳交易"设计了"游戏规则"，也为"碳资产"的出现做好了技术层面的铺垫，例如 COP4 解决了有关《京都议定书》三机制的关键性问题，并制定了每一种交易机制的运行程序、准则、行动规划等。《京都议定书》制定了各种技术层面的规定，以便使三机制具备充分的可操作性；COP5 通过了"低碳技术的开发与转让""发展中国家的能力建设""经济转型国家的能力建设"等决定。

　　第三阶段为发展阶段，从 2005 年《京都议定书》生效到 2012 年 12 月多哈会议（COP18）宣布《京都议定书》第一期承诺完成。这一时期，按照《京都议定书》的三种交易机制，缔约国对碳交易市场进行了大量的探索，同时相关的金融衍生品也大量出现。这一时期，"碳资产"的内涵不断得到充实，原先的碳排放权利也得到了量化，除此之外，不同国家的企业间也有了低碳技术和专项资金的流动。联合国在这一时期召开了众多的会议，进一步完善了碳交易体系。2007 年 12 月 COP13 大会通过《巴厘岛路线图》，为工业化国家制定了温室气体减排的目标，指出发展中国家应采取措施控制温室气体排放的增长；2009 年 12 月 COP15（哥本哈根世界气候大会）进一步确定了发展程度不同的国家所要承担的减排责任；2011 年 12 月 COP17（德班会议）决定启动绿色气候基金。

　　在这一阶段，一些国内外学者从与低碳相关的国际会议入手，结合低碳活动的实践，针对碳资产进行了微观层面的研究，拓宽了"碳资产"的范围，例如 Julien（2009）认为碳资产是指交易主体所拥有的二氧化碳的存量及其衍生的金融产品，其价格与原油、天然气、煤炭类似；Christoph 等（2009）认为碳资产主要包括项目碳资产和配额碳资产，提出碳资产的价格受多方面因素影响；Takashi（2012）提出碳资产包括配额碳资产（例如 EUAs）和核证减排量（例如 CERs），属于一种无形资产，与大宗的实物资产相对应，较容易处理，不像石油、天然气等要受到各种限制；Erhun 等（2012）认为森林碳汇是一种碳资产，相关指标可以通过交易市场进行交易；万林葳等（2010）认为碳资产实际上就是一种碳排放量化后的指标，或者说是由于企业采取了相应的减排活动，所排放的温室气体低于所拥有的碳配额产生的盈余，这部分碳排量能给企业带来经济利益；张鹏（2011）认为碳资产是一种消耗性的资源，这种资源产生于政治家所规定的碳排放要受到限制这一条件，根据各个国家所承担责任的大小将环境所能容纳的碳排放量进行分配，而被经济主体所拥有和控制的那一部分资源就是碳资产，这种资产的消耗是伴随经济主体对温室气体的排放而完成的；仲永安等（2011）认为人为规定碳排放指标是碳排放交易理论的基础，随着碳排放受到限制和金融工具的介入，这种指标就演变成为一种有价的权利，最终成为一种时代背景下的产物，即碳资产。

第四阶段为成熟阶段（后京都阶段），这一阶段从 2013 年 1 月到 2020 年 12 月《京都议定书》第二期承诺完成。2013 年 11 月 COP19（CMP 9）与 2014 年 12 月 COP20（CMP 10）提出了林业碳汇的产权及标准化等问题，对绿色气候基金的融资等问题进行了讨论，并为进一步完善碳交易市场制定了详细的规划。本阶段之初，全球低碳发展遇到了很大的挫折和分歧，主要是各国对减排数量有争议，但企业"碳资产"的内容却得到了进一步的充实和完善。学者们进一步对碳资产的内涵进行阐述，站在企业的角度使其"落地"。高振娟等（2013）认为碳配额和项目碳指标是碳资产的主体，除此之外碳资产还包括新兴资产所产生的碳融资资产。Wilko 等（2014）认为碳捕捉和碳封存技术（CCS）是发电企业的一项重要的减排资产，对降低企业的碳排放起到重要的作用，是未来发电企业可以运用的一种重要的减排手段。Andreea 等（2013）认为碳足迹创新是企业的一种碳资产，是未来准确计算碳排放量的必然趋势，可以向消费者提供所生产产品的碳排放状况。刘萍等（2013）按照碳资产交易的制度不同，将碳资产分为配额碳资产和盘查碳资产，其中盘查碳资产是企业通过主动进行温室气体减排而获得权威机构认可的碳资产，该种碳资产可以从组织、产品层面来盘查，进而扩散到企业的各个领域。韩立岩（2015）认为碳资产所包含的内容非常丰富，除了指标类碳资产外，改进碳排放的生产活动及相应的附属产物也都应该归结为碳资产，例如碳存货、低碳技术、低碳耗费、低碳设备等。

通过按照时间序列对相关会议及文献进行整理后，笔者发现人类对"碳资产"的认识经历了一个漫长的过程。本书结合人类对温室效应的认知对其进行梳理，将"碳资产"的出现归结为萌芽、探索、发展、成熟四个阶段。在这个过程中，"碳资产包"所涵盖的内容不断得到充实，从最初的指标碳资产（例如 CERs、CCERs、VERs）演变为一些金融衍生品（例如碳排放权的货币化、证券化、交付保证、碳交易保险、套利交易以及以 CER 收益权获取质押贷款等），再到低碳设备、低碳技术、低碳文化、低碳战略、低碳计划等。随着企业低碳活动的深入，未来的碳资产势必将被纳入企业的财务报表中，成为评价企业盈利状况的重要依据，也必将成为企业可持续发展的重要筹码。

二 基于价值链的识别研究

《京都议定书》规定，人类排放的温室气体主要有二氧化碳、甲烷、氧化亚氮等六种气体。对全球升温的贡献率来说，二氧化碳由于含量较多，所占的比例也最大，约为 55%，加之计量温室气体经常用"碳当量"作为单位，因此"碳"就成为以二氧化碳为主的温室气体的简称。"碳"本身没有任何价值，但是人类所采取的减少碳排放的相关活动却具有价值。随着限排活动的不断规范化，企业也被纳入减排体系，企业"碳资产"也随即产生。既然企业"碳资产"是由人类的低碳活动所产生，那么本书就从企业内部低碳活动入手，来识别企业"碳资产"。因为碳资产是对企业有价值、有贡献的一类特殊的资产，结合 Porter（1990）提出的价值链，通过对企业的调研、经典文献的查阅以及企业官网信息的搜集，本书对"碳资产"进行识别研究。

1. 价值链

美国哈佛商学院教授 Porter（1990）出版的《竞争优势》（*Competitive Advantage*）一书最早提出价值链理论，认为价值链包括基本、辅助两种价值增值活动，他认为价值链是企业一系列活动的集合，这些活动包括产品的设计、生产、营销、售后服务等。彼得·海因斯认为应该将原材料和顾客纳入价值链条，顾客的需求是价值链的终点，利润为一种副产品，价值链是一条集成物料价值的运输线。Rayport 等（1995）认为互联网的出现改变了原有的价值体系，并提出了一种全新的虚拟价值链，企业是一种存在于"市场场所"和"市场空间"两个世界的经济主体。前者指企业最为核心的工作，即通过对生产原材料进行加工，为消费者提供各种产品或者服务，最终实现利润，本质上来讲属于一种物质资源的增值活动；而后者是指企业通过对现代信息的收集、加工、整合、运用，最终为消费者提供一些无形的产品或服务，这种产品和服务往往具有时代特性，随着经济发展水平的变化而产生一些变化，是一种信息资源的增值活动。E 时代对企业传统价值链产生了很大的冲击，企业相当数量的经营活动转向了互联网和第三方物流。企业作为一个法人，要想持续发展下去，必须具有为社会创造价值的能力，必须为各种利益群体考虑。揭开企业价值创造的面纱，可以发现整个价值的创造过程可以分解为一系列相互关联又互不相同的"增值活动"，其"价值链"就是各种"增值活动"的总和。

2. 案例剖析

价值链是各种相互依存价值活动的集合，这个集合由各种纽带连接成为一个链条。传统价值链理论中的增值包括基本增值和辅助增值两种。Porter（1990）聚焦企业内部价值链，认为传统的价值链是线性的，却没有考虑企业的"外部性"问题，即没能把企业对环境的影响纳入价值链。在全球低碳背景下，传统价值链受到了来自低碳要求的约束，必须在运营过程中采取各种措施降低碳排放，企业才能获得可持续发展。将低碳要求作为一种成本纳入传统的价值链，这样就可以克服传统价值链的局限性。

低碳价值链不仅涵盖了传统的经济成本，还包括了因低碳需要而投入的环境成本。对制造业来说，低碳价值链的增值环节除了包括基本活动、辅助活动外，还包括企业的金融性碳资产所创造的价值，该类碳资产具有稀缺性、消耗性、投资性，既可以变现又可以成为企业维持发展的排放权利（刘萍等，2013）。

本书旨在通过价值链构建出企业低碳价值增值的过程，并对重钢股份及海尔集团的空调业务进行案例分析，其低碳活动例证如表3－1所示。重钢股份地处我国碳交易试点城市重庆市，早在2014年就被纳入碳排放限制企业名单，并成为第一批发放碳配额的企业，在碳配额、碳会计等管理方面进行了大量探索并积累了丰富的经验。在低碳浪潮涤荡下，海尔提出了"双百方针"，欲走出一条具有特色的低碳之路。海尔率先构建了一条具有自身特色的低碳价值链，强调在整条价值链上都要进行节能减排，该价值链所涵盖的内容较丰富，以产业链、供需链、推广链为核心。海尔在材料循环利用、有效控制 PBDE 的使用等低碳技术上拥有强大的研发团队，并有众多信息支持和多年的技术积淀，在低碳发展方面海尔做出了巨大的努力，被授予首个"低碳体系"试点企业。海尔走出了一条特色之路，毫无疑问在行业内是做得比较好的企业之一。

表 3 - 1　基于价值链的企业低碳活动例证

价值链活动	业务板块	低碳活动例证描述	可识别出的"碳资产"
辅助增值活动	企业低碳基础建设	活动 1：为了在企业内部形成良好的节能减排氛围，海尔加强了低碳宣传力度，定期召开一些相关的例行会议。近几年，海尔采取了一些实质性的行动，例如：企业要求实现节能灯覆盖全部办公室，"人来灯亮，人走灯关"，并采取一些智能手段对灯进行控制；空调不能开太低，室内温度不低于 26 摄氏度；电脑控制上实施"123"策略，即电脑在没有操作的情况下，10 分钟将必须关闭显示器，20 分钟关闭硬盘，30 分钟待机，这很大程度上降低了能耗。海尔经过相关的制度建设和文化宣传，已经形成了节能减排的氛围	低碳文化
		活动 2：为了适应低碳时代的呼唤，生产出更能符合市场需求的产品，海尔对原有的发展战略进行了调整。低碳并不是要回归到"无烟时代"，而是通过科技的进步、管理水平的提高、制度的创新来实现低碳化，实现循环发展。因此，海尔将"低碳"融入企业的发展策略，采取"低碳原材料"、"过程减排"、"开发低碳产品"和"废品回收"等重要措施。海尔主张全过程减排，即将减排纳入产品的整个生命周期	低碳战略
		活动 3：为了更好地对碳配额进行管理，重钢股份对其原有的管理制度做了大的调整，例如增设了一些专门从事碳配额管理工作的科室，在新设的能源管理处下设置了能源计量管理科，专门从事碳盘查、部门申报及履约情况的管理工作；能源计量管理科协同公司财务部门参与配合碳交易工作。重钢股份针对碳配额的发放和管理上设置了专门的管理部门，对各部门的碳排放情况进行直接监督	碳配额管理制度
		活动 4：作为试点省市的重点减排企业，重钢在被纳入碳交易试点之前就做了大量工作。2013 年底公司按照《重庆市工业企业碳排放核算和报告	碳盘查制度

续表

价值链 活动	业务板块	低碳活动例证描述	可识别出的 "碳资产"
辅助增值 活动	企业低碳 基础建设	指南（试行）》建立起了相关的符合自身的碳盘查制度，依据行业的碳核算及核查标准和其他企业的经验，自行设计了碳排放量统计表。该表符合行业的要求，其准确度较高，碳盘查以年为计算单位	
		活动5：重钢股份借鉴其他一些企业的经验，已经建立起相对完善的碳会计细则，2014年，企业"卖碳"收入91.5万元被纳入公司营业外收入	碳会计碳 指标
	人力资源 管理	活动6：低碳发展的大趋势，改变了企业的人才战略。当前，海尔从人本和能本两个方面抓低碳人力资源的培养和引进。在科研人才的引进方面海尔下了很大力气，不仅仅是技术研发方面的人才，还包括一些碳资产管理师、碳会计师、碳审计师的培训等。此外，海尔大学的创建，为海尔低碳人才的培育提供了很好的平台	低碳人力 资源
	研究与 开发	活动7：（1）海尔拥有雄厚的技术研发团队，在空调低碳技术上有了很大突破，具体表现在研发设计严格控制汞、六价铬、镉、铅、聚溴二苯醚等技术，海尔该领域的低碳技术已经达到国际先进水平。此外，海尔在材料循环利用、有效控制PBDE的使用等低碳技术上都有了很大突破 （2）重钢为了适应未来低碳发展的需要，高层运筹帷幄，决心下大力气发展低碳技术。截至2015年初，公司用于低碳技术研发和减排项目的投入约合人民币45亿元。重钢作为首批限排企业，在低碳技术上取得了巨大的突破，例如CCP、CDQ等低碳技术在国内处于领先水平	低碳技术
	采购	活动8：海尔在设备的选取、原材料的选取、采购方式的选择等方面降低碳排放，此外，加大废旧空调回收利用力度，发展循环经济	低碳采购

续表

价值链活动	业务板块	低碳活动例证描述	可识别出的"碳资产"
基本增值活动	进货后勤	活动9：重钢针对碳排放提出全方位监测，建立了碳排放测量和检测系统。通过该系统的各种设备可以准确地计算其部门碳排放情况，例如"碳仪表盘"的采用，可以时刻记录并控制生产流程中的碳排放数量，这很大程度上提高了碳监测的效率	碳检测
		活动10：为了实现节能减排的发展战略，海尔主张从原材料就开始低碳化，其宗旨就是选择低碳的原材料。海尔先后与三菱压缩机、宝钢、日本NEC芯片、诺尔达铜管等著名的企业达成协议，采取其低碳产品，实现原材料的低碳化	低碳原材料
	生产作业	活动11：海尔在低碳管理上很下功夫，高层提出建立节能生产线，生产中力求高效、低碳、清洁，最大限度地降低碳排放。海尔制定了一套完善的低碳管理制度，具体到各个部门和车间，将部门的碳排放状况纳入企业的年度考核当中。海尔主张全过程实施低碳化生产，从空调的设计、生产到销售、服务，真正做到了低碳化管理	低碳管理
		活动12：海尔在行业内的低碳化管理非常成功，并根据企业自身的特点制定出了一些低碳管理标准。例如《家用及类似用途无氟变频空调器安装服务规范》的制定就起到了很好的示范性作用。目前，该标准已经得到国内外标准机构的认证，并被纳入CAS标准，并得到行业内的其他企业的认可和学习	低碳管理标准
		活动13：海尔在空调的包装上下了很大功夫，在包装材料的选择、包装的设计等环节注重低碳化，提出包装的任何环节都要力求节源、低碳、高效、无害。其低碳包装主要体现在：低碳材料的选择、材料的高效使用、再循环、再利用等方面，特别注重印刷的低碳化，即在包装印刷上注重节约，尽量使用低碳印刷材料	低碳包装

续表

价值链活动	业务板块	低碳活动例证描述	可识别出的"碳资产"
基本增值活动	发货后勤	活动 14：海尔充分提高供应效率，在各地建立起了配送中心，以终端需求状况来驱动生产，提出零库存下的即需即供口号，强调低碳物流。为了更好地迎合市场个性化的需要，海尔选择放弃标准化产品的竞争，产品设计上使其个性化，提高了配送的速度、精度	低碳物流
	销售	活动 15：海尔率先提出绿色营销、低碳营销，通过对企业自身低碳化发展进行研究，设计出一套运用互联网技术进行低碳营销的革命，提出了一种低碳化的"三整合革命"，"整合人才、产品、推广"，实现营销过程的低碳化。通过现代互联网技术，实现低碳化营销的同时，也向社会宣传一种低碳理念	低碳营销
	服务	活动 16：为了适应市场的需求，海尔将各项低碳技术运用到产品的生产当中，生产出了众多的低碳产品。例如 KFR－35GW、KFR－26GW/01GEC23、KFR－50LW/03GCB21AU1 等产品都运用了当前最先进的低碳技术，其能耗有了很大的降低，一天时间将比普通空调节省 5.2 度电，约合减少温室气体排放 1.7 千克。此外，海尔中央空调减排效果显著，每小时至少可节约 1 度电	低碳产品
		活动 17：海尔为了加速提升员工低碳素质能力、强化员工的低碳意识，加大了培训力度，走在了能本管理的前列	低碳培训
		活动 18：海尔为使其产品得到低碳认证，做了大量工作。目前，其产品已得到中国认证中心的 CCC、ROHS、EUP 等低碳认证；2010 年海尔作为中国第一家企业得到了 ISO14064 的低碳认证	碳认证
		活动 19：重钢股份通过多种渠道尝试碳足迹的运用，就目前的研究情况来看，有两条路可以走，即直线型和曲线型。直线型是指在熔炼的过程中直接产生温室气体；曲线型则主要是指钢铁生产	碳足迹

续表

价值链活动	业务板块	低碳活动例证描述	可识别出的"碳资产"
基本增值活动	服务	所消费的能源，能源耗费越多碳排放也就越多。低碳消费已经不再是一种时尚，转而成为未来发展的必经之路，重钢在商品上标识全寿命周期的碳足迹的制度将逐渐建立起来	
碳金融性增值活动	原生碳金融性增值	活动20：根据重庆市下方的碳配额指标（CQEA），重钢每一年的碳配额约合800万吨。经过几年的减排工作，重钢的低碳工作有了很大起色，截至2014年上半年盈余接近3000万吨，通过三笔碳交易，公司获取91.5万元的收入。由于公司碳配额充盈，重钢尚未决定购进CCER	碳配额、项目碳指标
	衍生碳金融性增值	活动21：2014年，重钢充分利用碳交易的契机，以低于政府配额的指标作为基础，形成了各种形式的碳金融衍生产品，例如碳期权、碳期货、结构化票据等。这些产品具有质押贷款、价值发现、套期保值等多重功能，可以为企业获取碳收益	衍生碳金融工具

3. 企业低碳价值链的架构

前文采用案例分析法分析了重钢股份、海尔空调的低碳活动，按照前文所描述的思路可得到一般性企业低碳价值链（见图3－1）。

（1）辅助增值活动

企业的辅助性低碳增值活动，主要包括企业的基础建设、人事资源管理、技术开发和采购管理。企业低碳基础设施包括企业的总体减排管理、低碳组织建设、低碳文化、碳会计、低碳法律法规等；人力资源管理包括碳资产管理师、碳交易师、碳顾问、碳审计师以及拥有低碳技术的员工的招聘、培训、开发等；这里的技术和采购都是广义上的，既可以包括生产性技术，也包括非生产性的开发管理，例如高炉减碳技术（降低高炉燃料比的技术、精料技术、高风温技术、TRT余压发电技术、高喷煤技术、节水环保水渣技术、低

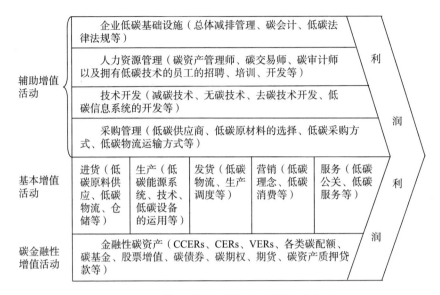

图 3-1 基于价值链的企业碳资产析出

硅冶炼技术等）、无碳技术、碳捕获和封存技术（CCS）开发、低碳信息系统的开发等；采购管理包括设备的选取、原材料的选取、采购方式的选择等，以及废旧物品的回收等。

（2）基本增值活动

传统的基本增值活动即指一般意义上的"生产经营环节"，低碳价值链分析改变了传统价值链的成本观念，将低碳要求作为一种成本纳入价值分析系统中，将环境成本同时纳入价值链，如材料供应、产品研发、成品储存、销售等低碳增值活动，这些活动都与产品的加工流转直接相关。进货后勤主要体现的是原材料绿色采购、自动化仓储技术、库存控制、车辆调度和低碳内向运输和物料处理环节等；低碳生产是指将低碳纳入从投入到转化为最终产品或服务的各种活动中，包括低碳能源系统、低碳技术、低碳设备的运用、碳核查等；低碳发货指与集中、存储和将产品发送给买方有关的各种活动，如成品库存管理、送货车辆调度、低碳物流等；低碳营销指为买方提供购买产品的低碳方式和引导他们购买相关产品的各种低碳活动，例如低碳消费宣传、低碳销售队伍建设、渠道建设等；服务体现在与增加或保持产品低碳价值有关的各种活动中，例如碳标签、低碳公关、低碳培训等。

（3）碳金融性增值活动

金融性增值是一种特殊的增值活动，它是在低碳法律、法规的保障下，将各种金融工具引入碳交易中，使得各种原生及衍生碳金融产品得以交易或者流通，最终实现其价值（高振娟等，2013）。碳金融主要是运用金融资本去驱动环境权益的改良，最终实现企业的减排。这一部分金融资源主要包括原生产品和衍生产品。原生产品包括碳信用产品和碳现货产品。碳信用产品是交易市场最基本的交易产品，碳排放权利指标、配额指标、减排单位等都属于这种产品，例如企业所拥有的自愿减排单位（VERs）、核证减排单位（CERs、CCERs）、碳配额（AAU）；现货交易是指交易双方通过谈判，签订协议，实现交易，这种信用包括 EUR 现货、CER 现货等。衍生产品是指由原生产品（碳排放权利）衍生出来的交易工具，其主要衍生品包括基本衍生品（例如碳排放权的期货、期权、远期交易工具）和创新衍生品（例如碳交易保险、套利交易工具、碳排放权交易保证、以 CCER 收益权作为质押的贷款等）（蔡博峰，2013；高振娟等，2013）。

第三节　碳资产分类研究

既然碳资产是指一种复杂的、阶段性的制度产物，那么对其分类也将是个复杂的工作。站在企业角度，碳资产是企业所拥有或控制的一种低碳资源，这种资源能够帮助企业降低碳排放，预期会产生经济效益。依据不同的分类标准，碳资产有不同的分类。本书从是否具有实物形态，以及是否可以在碳交易所交易两个角度对其进行分类，见图 3 - 2。

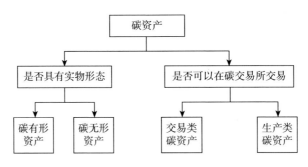

图 3 - 2　碳资产结构示意

（1）按照是否具有实物形态，碳资产可分为碳有形资产和碳无形资产。对企业拥有低碳贡献的资源既有有形的也有无形的，企业具有的有别于其他企业的减排设备、节能灯具等，这些资源有低碳价值且可以精确计算和评价、具有实物形态，都可以称为碳有形资产（高喜超，2013）。企业实施了低碳措施，由此产生的效率提高、成本降低，进而获得的经济增量可以视为一种碳无形资产（范莉莉等，2015）。碳无形资产是一种具有低碳价值，而不具有实物形态的资产，例如用于交易的项目资产 CERs、CCERs、CCS 技术、低碳战略、低碳品牌等，都被认为是一类碳无形资产。

（2）按照是否可以在碳交易所交易，可分为交易类碳资产和生产类碳资产。所谓交易类碳资产是指在碳交易市场上交易的碳指标，主要包括 CERs、CCERs、VERs、EUAs 等碳金融的原生产品以及远期、期货、期权等衍生产品，其原生产品主要来自政府的碳配额、减排项目两种途径，衍生产品是指由原生产品衍生出来的各种碳金融交易工具。生产类碳资产是指在企业运营过程中拥有低碳贡献，但是不能在碳交易市场中进行交易的低碳资源，例如企业的低碳设备、低碳战略、减排技术、低碳品牌、低碳物流等都会对企业减排做出贡献，但它们不能在碳交易市场上交易。生产类碳资产所涵盖的范围较广，对企业可持续发展起决定性作用，随着企业涉足领域的增多，该类碳资产的种类也将增多（江玉国等，2015）。

一　碳有形资产类别

碳有形资产是指企业所拥有的、具有实物形态，且预期能给企业带来低碳贡献的资源，该资源为企业内部碳排放盘查的重要对象，伴随企业的生产对减排产生作用。

（1）按照获取方式的不同，碳有形资产可以分为生产类碳有形资产和非生产类碳有形资产（江玉国等，2015）（见图 3－3）。生产类碳有形资产是指经过生产活动创造的碳资产，例如企业可以利用的低碳建筑、减排设备等硬资产；非生产类碳有形资产是指自然提供，未经生产而取得的碳资产，例如因企业实施了减排措施，而获取的政府优惠的土地、矿产、非培育生物资源、水资源等属于该类碳资产，另外碳金融资产即各种碳货币和各种有价证券也属于非生产类碳有形资产，例如碳基金、碳质押贷款、碳保险等。

（2）按照其是否具有流动性，可分为实物碳有形资产和金融碳有形资产（江玉国等，2015）（见图 3－3）。实物碳有形资产是指各种具有低碳使用价值的财产物资，例如各种低碳生产设备、机器等。金融碳有形资产是单位或个人所拥有的以价值形态存在的资产，通常是指各种碳货币、有价碳证券，以及组织在实施低碳战略、践行社会责任、通过自身持续的减排努力，机构组织社会影响的提升和塑造的低碳品牌，从而在资产评估或资本市场上获得一部分高估值，该高估值部分应作为金融碳有形资产，例如碳货币、碳基金、碳质押贷款、碳保险、股票增值等。

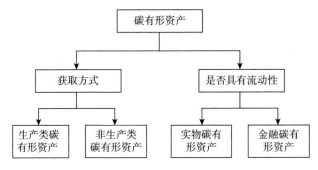

图 3-3 碳有形资产结构示意

二 碳无形资产类别

经过文献研究及对案例企业碳资产的分析、归类，可以发现碳无形资产是一个很大的系统，对其进行类别的划分需要从狭义和广义两个层面入手。

1. 狭义层面

从狭义层面看，碳无形资产指特定主体所拥有和控制的一种不具有实物形态，能持续发挥作用且能给企业带来经济利益的资源，是碳交易市场上交易的客体（范莉莉等，2015）。碳无形资产首先是碳排放权类型和减排量额度（信用）的集合，比如温室气体排放配额（Emission Allowance），核证减排量指标（如 CERs 和 CCERs）与自愿减排量指标（VERs）等，以吨二氧化碳当量为单位（Takashi，2012；江玉国等，2014）。按照不同的分类标准，碳无形资产又有不同的分类，见图 3-4。

（1）根据企业碳排放权的来源不同，可以将碳无形资产分为配额碳无形资产（Carbon-intangible Assets of Quotas）、项目碳无形资产（Carbon-intangible Assets of Project）、盘查碳无形资产（Carbon-intan-

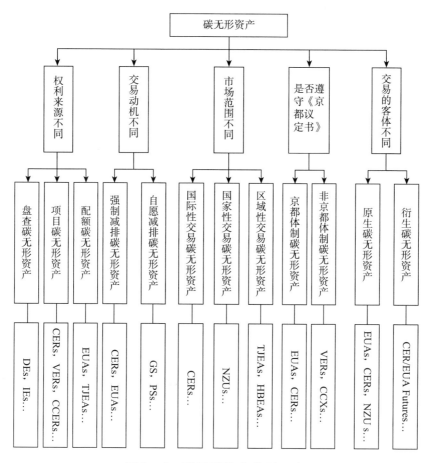

图 3 - 4　碳无形资产类别示意

gible Assets of Project Inventory）三类（见图 3 - 5）。配额碳无形资产
是指政府根据环境目标预先设定一定时期内该地区的温室气体排放
限额，然后根据企业或行业的状况确定本企业或行业的减排量，进
而细化给各个企业，作为该企业某一段时间内所允许的排放温室气
体数量（Takashi，2012；江玉国等，2014），例如 EUAs（欧盟碳
配额）、TJEAs（天津碳配额）等。如果企业在规定的时间内排放
的气体数量高于该排放限额，则需要在碳市场上购买碳指标，付

出相应的超标成本。根据温室气体排放权的初始分配方式不同，可以将配额碳无形资产分为免费配额碳无形资产（无偿发放型）、拍卖配额（有偿拍卖型）碳无形资产和混合分配型碳无形资产三类（Jonathan，2009）。免费配额碳无形资产是指政府依据一定的标准免费分配给企业的温室气体排放配额，配额可以分为祖父制配额（Grandfathering Allocation）和标杆配额（Benchmarking Allocation）（Jonathan，2009；Dallas 等，2002）。拍卖配额碳无形资产是指企业通过政府拍卖的方式获取的一种碳无形资产，政府规定一定的拍卖方式，企业通过竞价的方式来获取温室气体排放配额（Christoph 等，2009）。混合分配型碳无形资产指上述两种分配形式兼而有之的碳无形资产。

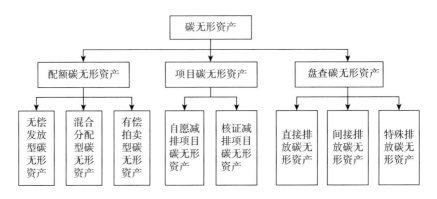

图 3 - 5 碳无形资产结构示意（按排放权利来源分）

注：企业排放边界内的碳无形资产总量：$AE_{总} = \Delta AE_{直接} + \Delta AE_{间接} + \Delta AE_{特殊}$。

项目碳无形资产基于《京都议定书》规定的发达国家与发展中国家"共同但有区别的责任"这一前提，使得减排量出现了在空间上流动的可能性，如清洁发展机制（CDM）条件下的 CERs、联合履行机制（JI）下的 ERUs、排放交易机制（ET）下的 AAUs，都属于国际项目合作产生的项目碳无形资产。随着国际碳市场交易的惨淡和我国碳交易试点轰轰烈烈的展开，在国内确立减排项目已经基本成熟，各种方法学也不断完善，CCER 的灵活机制如同欧盟碳市场中的 CER，类似 CDM 项目。除此之外，随着《京都议定书》所规定的强制型市场的发展，很多企业未雨绸缪，自愿通过购买减排项目（VER）产生的减排量（VERs）来抵偿自身的碳排放，VER 项目为参加核证减排项目所需成本较高的企业提供了减排机会，塑造了企业注重环境及履行社会责任的形象（Janek 等，2011）。

盘查碳无形资产是一种信用碳资产，是指企业通过自身的减排活动而积累一定减排量（相对于前一期的排放量），经管理机构认证确定而形成的一种碳资产，例如 DEs（直接盘查碳无形资产）、IEs（间接盘查碳无形资产）。从企业消耗能源角度，可以大体计算某一生产周期的碳排放数量，进而确定该周期所形成的认证碳无形资产数量，见图 3-5。企业排放边界内所积累的碳无形资产总量 $AE_总 = \Delta AE_{直接} + \Delta AE_{间接} + AE_{特殊}$，其中 $\Delta AE_{直接}$ 为企业持有或控制的碳排放源直接产生的碳排放减少量。$\Delta AE_{间接}$ 为企业活动导致的，但出现在其他企业持有或控制的碳排放源产生的碳排放。$AE_{特殊}$ 是一种特殊的排放所形成的碳无形资产，包括：①企业生产并外输能源产生的碳排放，包括输出燃料、电力和蒸汽等产生的碳无形资产；②企业产生的温室气体，但经封存和转移作为纯物质、产品所形成的碳无形资产。

（2）根据企业交易动机的不同，可以将碳无形资产分为强制减排碳无形资产（Mandatory Reducing Carbon-intangible Assets）和自愿减排碳无形资产（Voluntary Reducing Carbon-intangible Assets）两类。强制减排碳无形资产直接来源于总量控制或者配额市场，例如 EU-ETS 产生的欧盟减排配额（EUA）属于一种强制配额碳无形资产。

自愿减排碳无形资产是指组织参加自愿减排项目而产生的减排碳无形资产，按照交易市场的形式不同，自愿减排碳无形资产又可分为场内减排碳无形资产和场外减排碳无形资产，例如芝加哥气候交易市场（CCX）所产生的温室气体排放权产品 CFI（一单位 CFI 代表 100 吨 CO_2 当量）属于场内减排碳无形资产。场外碳无形资产一般称为自愿减排量，主要包括无法通过核证的 CDM、JI 减排量，其主要购买者为政府机构、非政府组织、企业等，政府和非政府组织购买 VERs，主要是为了树立自身形象，倡导公众和企业投入减排活动中来，例如 GS（黄金标准碳指标）、PSs（熊猫标准碳指标）（李凯杰等，2012）。

（3）根据碳交易市场范围的不同，可以将碳无形资产分为国际性交易碳无形资产、国家性交易碳无形资产、区域性交易碳无形资产。国际性交易碳无形资产是指在国际碳交易市场所产生的碳资产，在国际或者各国内部均可以流动，例如 IET 和 EU-ETS 碳交易市场所形成的 CERs、ERUs 为国际性交易碳无形资产。国家性交易碳无形资产是指以整个国家为交易范围的碳资产，例如新西兰碳排放交易机制产生的碳无形资产（NZU）就属于国家性交易碳无形资产，该资产已被纳入新西兰能源利用的各个领域。随着碳交易市场的不断演化和碳无形资产衍生品的不断出现，国家性交易碳无形资产的交易范围也不断拓宽，逐渐引进国际碳信用额度，如新西兰、欧盟、澳大利亚的碳排放交易体系（ETS）于 2015 年开始对接。区域交易碳无形资产是指在一个国家内部包括国内大区、州（省）、大都市等开展碳交易所形成的碳无形资产。例如澳大利亚的新南威尔士温室气体减排机制所形成的碳资产就属于区域性交易碳无形资产，我国在北京市、重庆市、广东省等 7 省份碳交易市场上用于交易的碳资产也属于该类碳资产。

（4）根据是否遵守《京都议定书》，可以将碳无形资产分为京都体制碳无形资产（Kyoto Carbon-intangible Assets）和非京都体制碳无形资产（Non-Kyoto Carbon-intangible Assets）。京都体制碳无形资产是指在《京都议定书》框架下参加减排项目所形成的碳无形资产，例如 CDM 项目所形成的 CERs 属于京都体制碳无形资产，该类碳无形资产一般以强制减排为手段。2001 年美国宣布退出《京都议定书》，但其企业加入区域温室气体行动计划 RGGI（区域温室气体减排行动）、CCX（芝加哥气候交易所）等所形成的碳资产潮属于非京都体制碳无形资产。

（5）根据交易的客体不同，可以将碳无形资产分为原生碳无形资产（Primary Carbon-intangible Assets）和衍生碳无形资产（Derivative Carbon-intangible Assets）两类（Byun，2013；蔡博峰，2013；江玉国等，2015）。原生碳无形资产是一种基础性碳资产，是碳交易市场体系内的基本碳资产以及衍生碳无形资产的基础，原生碳无形资产主要包括碳信用资产和碳现货资产，例如 VERs、CERs、EUA/CER 差价现货、EUA 现货、CER 现货等都属于原生碳无形资产。衍生碳无形资产是指在碳交易市场上由原生碳无形资产派生出来的碳资产，伴随碳交易市场的发展，金融机构的不断介入，衍生碳无形资产的种类层出不穷。衍生碳无形资产又可以分为基本衍生碳无形资产和创新衍生碳无形资产（Byun，2013）。基本衍生碳无形资产包括碳排放权的远期、近期、期权交易所能形成的碳无形资产，创新衍生碳无形资产包括碳排放权的货币化、证券化、交付保证、碳交易保险、套利交易以及利用 CER 收益权获取质押贷款等方式获取的碳资产（蔡博峰，2013；陈文颖等，1998）。

2. 广义层面

从广义层面看，碳无形资产不仅包括上述额度类碳无形资产，还包括经济主体体现或者潜藏的所有在低碳领域有低碳贡献的无形资产。即从广义层面看，碳无形资产包括以下两部分：一部分是狭义碳资产，即额度类碳无形资产；另一部分则为经济主体处理温室气体而产生有低碳价值的一系列成果，包括在企业产销过程中的碳封存技术（CCS）、节能减排创新技术、低碳信息系统、低碳品牌等（江玉国等，2015），这些碳无形资产是企业采取低碳活动所产生的，本身有助于企业降低碳排放。

（1）按照企业碳排放量的表现形态不同，企业碳无形资产可以分为额度碳无形资产和减排碳无形资产两类（范莉莉等，2016）（见图 3-6）。额度碳无形资产是指在低碳背景下，企业所获取的经过量化的排放权利，该类碳无形资产主要包括配额碳无形资产和项目碳无形资产、盘查碳无形资产三种。额度碳无形资产是企业在低碳背景下的一种可排放的额度，拥有该类碳无形资产，企业就拥有了碳排放的权利；减排碳无形资产是广义层面上碳无形资产的一种分支，指企业所拥有的具有低碳价值的无形资源，其价值不容易确定，更难被量化，但这些资源对企业降低碳排放、降低能源消耗起到重要的作用（江玉国等，2015）。减排碳无形资产所涵盖的面非常广，依据企业管理职能及构成要素的特点不同，减排碳无形资产可以分为市场类碳无形资产、技术类碳无形资产、计划控制类碳无形资产、组织类碳无形资产、人力资源类碳无形资产、生产管理类碳无形资产、文化类碳无形资产、政策类碳无形资产八类（江玉国等，2014；高喜超，2013；刘鹤等，2014、2015）。

市场类碳无形资产主要是指与市场相关的碳无形资产。在低碳背景下，企业原有的市场面临很大的挑战，最终取而代之的将是富有低碳元素的市场资产，例如企业的低碳品牌资产、低碳营销网络、低碳特许权等（范莉莉等，2016）；技术类碳无形资产是指企业在低碳技术方面所拥有的专有权利，该种权利预期能给企业带来低碳收益，例如企业所拥有的低碳商标权，低碳发现权、低碳专利权、低碳特许权等（江玉国等，2014）；计划调控类碳无形资产主要是指企业在低碳背景下应对限排环境的计划、安排、规划等，例如企业制定的低碳发展战略、低碳对策、低碳目标、低碳预算等；在低碳环境下，适应低碳经济发展要求的组织结构能给企业带来良好的低碳表现，这类资产为组织类碳无形资产，例如企业的低碳管理结构、低碳信息系统、母合关系等；人力资源作为企业低碳发展所需各种信息和技术的载体，对企业的低碳发展起着重要的推动作用，在企业内部具有低碳价值的人力资源都是人力资源类碳无形资产，例如企业所拥有的 CDM 顾问、低碳技术员工、碳交易评估专家等；生产管理类碳无形资产是指企业为了适应低碳发展需要，开发出的提高能源利用效率、降低碳排放强度的生产管理模式，例如企业的低碳组织能力、低碳盘查能力等；企业将低碳价值观、理念、意识等因素融入企业的文化中，这种文化对企业也具有低碳贡献价值（高喜超，2013；Izzet，2013），例如企业的低碳制度、行为、精神文化等都属于一种文化类碳无形资产；国家出台的低碳政策对企业影响巨大，高能耗型企业受到严重的制约，而另一些企业则受益于国家的低碳政策，获得发展新机，这种低碳政策对一部分企业利好，形成一种无形的资产，就是政策类碳无形资产（刘鹤等，2014），例如低碳财政政策、低碳管制制度、低碳技术引进政策、碳交易制度等。

企业所拥有的减排碳无形资产的价值是通过自身的减排活动整合各种资源获取一定减排量（相对于前一期的排放量）来体现的，该减排量需要经管理机构认证确定（刘萍等，2013），其具体数量需要通过碳盘查、监测、计算等手段来完成。减排类碳无形资产价值的体现是基于信用的，是各种低碳资源整合的结果。

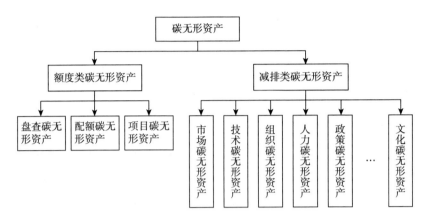

图 3 - 6　碳无形资产结构示意（按碳排放量的表现形态不同）

（2）按照低碳价值的表现层次，可以将碳无形资产分为核层碳无形资产、质层碳无形资产和壳层碳无形资产（见图 3 - 8）（胡颖梅等，2016）。由表 3 - 1 企业低碳活动例证分析可以看出，不同类别的碳资产在价值链中所处的位置不同。依据价值链理论和 Brooking 的无形资产理论，可以对碳无形资产进行如下类别的划分。企业的低碳战略、低碳规划以及企业家的低碳思维等是企业低碳行动的根源，是企业低碳发展的源头，在企业低碳发展中处于核心地位，对企业其余碳资产的数量及质量有着领导与指引的作用；低碳服务、低碳声誉、低碳品牌、低碳专营协议、碳配额等是企业低碳竞争力强度的外显性资产，在企业低碳发展中处于结果性的承载地位，是直接面向市场的资产；低碳管理人才、低碳技术员工、低碳职业员工等构成了企业的人力资源类碳无形资产；低碳技术、低碳专利、低碳商标权、特许权等构成了知识产权类碳无形资产；低碳管理系统、低碳文化、低碳制度规范等构成了基础结构类碳无形资产。以上三类支持性资产构成了企业发展低碳经济的支撑层面，对企业低碳经济的发展起到重要的支撑作用，见图 3 - 7。

基于以上分析，根据各类碳无形资产在企业低碳发展中的不同

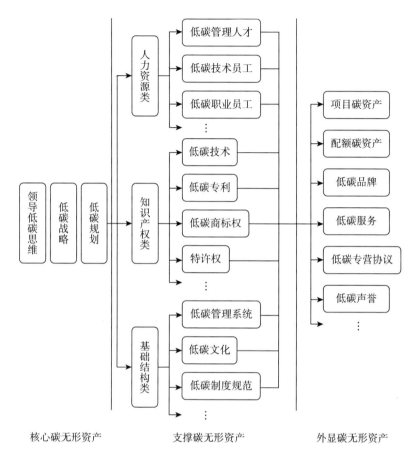

图 3-7　企业碳无形资产结构剖面示意

作用，可以构建出碳无形资产模型（见图 3-8）。核层碳无形资产是企业低碳竞争力的核心与起源，是企业其他低碳活动的指导和开展基础，包括高层的低碳思维、低碳发展规划、低碳战略等。质层碳无形资产是企业核层要素在企业具体可控经营要素中的体现，这些要素对企业提供给消费者的产品或服务有着直接的低碳贡献，是企业低碳思维的具体体现。该类碳无形资产主要包括低碳工艺与技术、低碳组织机构、低碳人力资源、低碳研发与创新、低碳物流等。壳层碳无形资产是指对企业有直接低碳贡献价值的资产，例如

CCERs、CERs、VERs、EUAs 等额度碳资产，该部分碳无形资产能直接体现出低碳价值，具有稀缺性、消耗性、投资性、可交易性、可储存性等特性（刘萍等，2013）。此外，壳层碳无形资产还包括低碳服务、低碳声誉等，该部分资产是企业的外显性碳资产，在企业低碳发展中处于结果性的承载地位，直接面向市场。

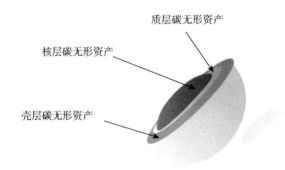

图 3 - 8　企业碳无形资产结构剖面示意

　　"碳资产"是伴随人类对生存环境的再认识而提出的一类特殊的资产，是一种新兴的、具有一定复杂性的事物。该资产是制度下的产物，随着人类低碳活动的不断深入，"碳资产"所涵盖的范畴越来越广。本书通过文献研究法及属加种差定义法对"碳资产"进行了概念的界定，提出了有别于以往碳资产即碳排放权利的提法。按照时间序列结合人类对温室效应的认知对其进行梳理，将"碳资产"的出现分为四个阶段，即萌芽阶段、探索阶段、发展阶段、成熟阶段，并对碳资产的演进进行阐述。另外，本书结合价值链的相关理论对重钢股份等企业的低碳活动进行分析，采用案例研究法对"碳资产"进行了识别研究。最后，根据不同的分类标准对碳资产进行了类别的划分。

第四章
企业碳资产与低碳竞争力关系分析

第三章对"碳资产"进行了界定、识别，并对其进行了详细的分类，"碳资产"作为一种制度的产物，随着政府限排制度的严苛，这种资产的稀缺性愈加明显。我国在"十三五"期间将建立起全国的碳交易市场，"低碳"将成为中国企业未来的主旋律，一些高排放的传统企业面临的形势越发严峻。企业对"碳资产"的积累显得尤为重要，关系到未来能否可持续发展。本章将对企业"碳资产"与企业低碳竞争力的关系进行分析。

第一节　企业低碳竞争力的内涵及现状

一　企业低碳竞争力的内涵

在全球低碳背景下，企业传统的竞争力正发生一些因时代而引起的变化。企业竞争力中含有越来越多"碳"的因素，"高碳"模式的发展难以持续，"低碳"模式成为一种必然选择（高喜超，2014）。依据第二章梳理的低碳经济及企业竞争力的相关理论，本书认为企业的低碳竞争力是在低碳发展理念的指导下，企业通过综合利用自身各种资源和外部环境，采用技术开发、管理创新、制度革新等多种手段促进企业向低能耗、低污染、低排放的发展模式转变，在市场竞争角逐中表现出来的一种新的综合能力，是传统竞争力的一种"增量"（袁小量，2010）。根据定义，企业低碳竞争力有以下几层含义：（1）企业低碳竞争力是在低碳经济发展理念指导下产生的一种动态的、长期的能力，其形成需要经过一个漫长的过程（刘鹤等，2014）；（2）企业低碳竞争力是企业通过对原有资源进行整合而产生的低碳能力组合，是一种比较能力或比较生产力（施若，2014）；（3）企业低碳竞争力是一种可持续发展理念背景下的产物，是传统竞争力的一种"延长"。

解读企业低碳竞争力这一定义的含义，要从以下几个方面来把握。

第一，企业低碳竞争力有其形成的固定背景，即全球发展"低碳经济"的这一大趋势。离开这一"限排"大背景，谈论企业低碳竞争力将没有任何意义，因为企业走低碳道路之初需要付出相当大的成本，如果没有一种机制或者法律框架的约束，这种成本将不能实现相应的价值，企业的低碳活动将成为一种无源之水，或者是一种自发的行动，这与企业作为"经济理性人"的唯利追求相悖（独娟，2012）。

第二，企业低碳竞争力的培育是多种资源整合的结果，也是多方面因素综合互动的结果。企业通过运用各种资源，选取低碳物流、采用节能高炉、实施低碳生产管理等，最终走上低碳发展的轨道，提升其低碳竞争力。

第三，企业提升低碳竞争力的直接目的，是在限排的时代背景下，力争在行业内拥有更多的资源和获取更多的利润（高喜超，

2014），这种资源包括未来的市场资源、碳配额指标资源、政府政策性资源等。

第四，企业提升低碳竞争力的最终目的是维系发展。在低碳大背景下，企业竞争力发生了很大的变化。企业原有的"高能耗型"发展模式，逐渐被"清洁型""低碳型"的发展模式所取代，提升企业低碳竞争力是在大的时代背景下的重要举措（王皓，2010）。未来，企业家只有以低碳发展思维，选择低碳发展模式，才能带领企业可持续发展。一些高能耗型企业如果按照老路发展，将有被关停的风险。

企业低碳竞争力具有以下特性：（1）可测度。企业低碳竞争力作为一种传统竞争力的延伸，利用一定的技术手段可对其进行测量。（2）低碳化。企业低碳竞争力是竞争主体之间通过整合各种资源实现减排的能力。所以企业低碳竞争力的首要特征就是低碳化，即企业通过自身的管理、技术、人力等资源的整合产生减排量（施錾，2013）。（3）相对性。竞争是企业之间的相互对比，企业低碳竞争力是一个相对的概念，是企业之间竞争力对比的概念，是在特定的一段时间内，一个企业和其他企业进行的比较（朱婷，2008）。这种比较既有不同企业的横向比较，也有同一企业不同发展阶段的纵向比较。因此，在指标的选择过程中，要留有一些相对指标。（4）阶段性。任何竞争力都存在一定的阶段性，即企业存在一定的周期性。因此，企业要针对其不同阶段的低碳竞争力状况，做好相应的战略部署。（5）行业属性。每一个行业的低碳状况不同，所以在指标的设计上不可能完全相同，例如针对钢铁行业，评价指标体系的设计要包括吨钢综合能耗、连铸比等反映钢铁企业特征的指标。（6）综合性。企业低碳竞争力的对比所涵盖的因素众多，所以其对比还具有综合性。这种综合性主要体现在企业低碳竞争力受到众多因素的影响，诸如能源结构、资本投入、技术水平、人员状况、低碳战略、低碳管理等（高喜超，2014）。

二 我国企业低碳竞争力的现状

面对全球的低碳大环境，作为最大的发展中国家，中国在《京都议定书》第一期承诺期并没有承担强制减排的责任。由于长时间采用"高耗型"发展模式，我国企业低碳意识普遍不强，在新技术的研发和引进、管理经验的革新、低碳技术人才的培养与引进、新能源材料及 CCS 技术的运用等方面还落后于先进国家水平（高喜超，2014）。研究表明，我国目前的能源效率为 33%，比世界上的先进水平低 10 个百分点，其中，钢铁、电力、石化、建材等行业的单位产品碳排放强度平均比国际先进水平高 40%，机动车的耗能水平比日本高 20%、比欧洲高 25%（陈洪波等，2012）。总体而言，中国的碳密度高达 1.5 吨/千美元（世界平均水平为 0.5 吨/千美元），该数值是美国的 3 倍，高排放的现实符合中国处于高速工业化阶段的特征，同时说明我国企业在追求高速发展的背后碳排放严重。

例如，我国钢铁工业存在电炉钢比例比较低、铁钢比例高、冶金装备陈旧且容量偏小、产业集中度低等问题，导致钢铁企业碳排放量居高不下，我国钢铁工业对温室气体的排放量占全球钢铁工业的 51%，是日本的 6.3 倍，美国的 10.2 倍、俄罗斯的 7.2 倍、欧盟的 4.25 倍（江玉国，2016）。可以看出，由于长期的粗放式生产，我国钢铁企业的低碳生产力亟待增强，单位产品二氧化碳排放，还远远高于美、韩、德、日等国。2015 年 6 月，WSD（世界钢动态公司）发布最新一期的全球企业竞争力排名，其中有一些环境、低碳指标，从相关指标数据可以看出，我国企业的低碳能力普遍较差，在高附加值产品生产、低碳技术创新能力等方面远远落后于浦项制铁、谢维尔公司等。当前，中国传统产业所面临的形势更为复杂。世界经济整体上走向复苏，但不确定性因素仍然很多，例如全球经济增长面临减速、对基础建设材料需求增长下降等。加之行业自身的不利因素，国内产品生产很容易受到国际市场的影响。

目前，我国部分企业采取了一些节能减排措施，取得了显著的成效。例如海尔、首钢等一些大型企业引进了一些综合设备，其管理、技术装备均处于较领先地位。但总体而言，中国企业低碳技术匮乏、低碳管理经验落后等，致使我国企业碳排放量普遍偏高。我国产品进出口结构非常不合理，其主要原因是我国企业主要以生产低端的高排放产品为主，在出口时遇到种种碳贸易壁垒（朱婷，2008）。

碳排放量高使中国加工制造业产品出口受阻，各种贸易壁垒纷至沓来，企业面临更为复杂、更为苛刻的国际限排形势。随着国际上各种碳贸易壁垒的实施，能源价格高居不下，低碳竞争力将是其能否可持续发展的重要因素。与欧、美、日、韩企业是否相比，我国企业的低碳竞争力还比较弱，究其原因有多方面，但最主要的还是我国企业低碳意识普遍淡薄、相应的配套资金较少、人才匮乏、发展低碳的动力普遍不足等（刘鹤等，2014）。低碳竞争力的缺乏，将成为制约我国企业竞争力提升的关键因素。目前，我国在低碳技术的研发和利用、低碳管理经验的引进等方面做得还远远不够，最前沿的减排技术还掌握在欧洲和日本手里（Aullal，2013）。如何提高企业的低碳竞争力，便成为学界和企业界的共同课题。谁率先在低碳竞争力方面有所突破，谁就抢占了未来企业竞争的制高点。

第二节　企业"碳资产"与低碳
竞争力的关系机制分析

"碳资产"作为"减排"市场化的一种产物，对企业未来的低碳发展起到重要的推动作用。这种稀缺的资产，被企业所追逐，日益成为企业低碳发展的一种能力的体现和碳排放权利的量化值（刘鹤等，2014）。因此，"碳资产"与企业低碳竞争力之间存在着重要的联系和相互作用。

一　企业"碳资产"产生低碳竞争力的内在条件

企业低碳竞争力是时代的产物，离开了"限排"的大环境，将不存在这一概念。在低碳理念被提出之前，不存在"碳资产"及"低碳竞争力"这些概念，低碳的时代背景是"碳资产"产生"低碳竞争力"的条件。企业作为独立的法人，是社会的一部分，应当承担相应的社会责任。但因为我国长期以来没有强制限排的措施，企业对高排放"习以为常"，其积极性不高，况且在减排前期需要付出巨大的成本。在这种环境下，企业往往不愿意主动减排。如果企业不承担相应的责任，也就谈不上开发"碳资产"提升低碳竞争力。

1. 时代背景的要求

碳排放活动本身对企业没有任何价值，但人为规定碳排放要受到限制后，这种排放活动将成为一种权利，逐渐演化为企业的一种资源。随着《联合国气候变化框架公约》的达成和《京都议定书》的签署，一种全新的发展模式——"低碳经济"日益被世界各国所采纳。《京都议定书》明确提出限制碳排放最有效的方式是将减排纳入市场机制，并提出了旨在减少碳排放的 CDM、ET、JI 三种碳交易模式（范莉莉等，2015）。我国作为发展中国家，在《京都议定书》第一期承诺期并没有承担强制减排的责任，但随着国际格局的变化，中国将承担起越来越多的强制减排责任。在这种形势下，我国也相继制定了各种相关政策和减排目标，将减排目标纳入"十二五"规划，明确提出以 2005 年单位 GDP 二氧化碳排放为基准，15 年后该指标值下降 40%～45%。在"十三五"期间，我国将利用更多的经济手段，通过税收、价格、财政补贴等措施推动整个工业向节能、低碳方向转变，力争在推进节能减排技术开发、优化能源结构等方面取得突破。

在低碳发展的大背景下，碳排放量日益成为企业的一种资产——碳资产。当前，对于我国企业而言，实施减排计划、开展低碳活动、积累碳资产对低碳竞争力的提升起着决定性作用（高喜超，2014）。特别是减排碳无形资产的积累，不仅是企业降低能耗、提高生产效率的需要，更是顺应时代的需要。发展"低碳经济"这一时代背景是企业"碳资产"产生"低碳竞争力"的环境基础。

2. 企业能够承担社会责任

改革开放以来，我国企业迅猛发展，但这种发展很多是以能源的高消耗为代价的，随着生存环境的不断恶化，社会要求企业承担其应有的社会责任。企业实施减排活动由"企业需要承担社会责任"这一条件驱动。由于企业的碳排放会产生外部不经济，如果没有这一驱动因素，企业就不用为此付出相应的成本，作为追逐利益的"理性人"，企业将没有减排的动机，何谈"碳资产"的积累，企业低碳竞争力的构建将成为空谈（陶晓红，2012）。

在政府、公众的要求和监督下，企业履行责任会影响其价值观、发展战略、愿景、文化等，最终形成企业特有的资源，这种资源本身就是企业所拥有的减排碳无形资产，而减排碳无形资产本质上是一种企业管理的"软件"（邓玉华，2013）。管理的"软件"具有无形、难以模仿、可持续等特点，一旦构建对提升低碳企业竞争力将起到持久的支持作用。

二 企业通过"碳资产"产生低碳竞争力的动机分析

在低碳时代，企业通过开发碳资产可以获取相应的利润、改善相应的配套设施使其与环境背景相匹配、维系企业的可持续发展，进而提升企业的低碳竞争力。

1. 抓住契机获取利润

国家对工业企业采取限排的政策，对企业而言既是压力也是机会，因为企业可以抓住限排的契机获取相应的资源或利润。"碳资产"的本质是一种碳排放权利，因为政府规定企业碳排放要受到约束，这就使一部分高排放的企业的碳排放权变得稀缺，超出了碳配额就需要购买（范莉莉等，2014）。目前，一些减排比较好的企业，可以通过"碳资产"获取利润，例如2014年重钢股份通过"卖碳"获取了大量的收入，主要得益于企业的低碳管理和低碳制度的制定。随着碳金融理论的不断深化和全国性的碳交易市场的建立，我国多数工业企业将会被强制加入碳交易体系。一些依旧沿着老路发展，碳排放超出配额的企业将逐渐付出巨大的代价，而碳指标有盈余的企业将可以为自己的可持续生产留有"储备"，甚至直接变现获得利润。

随着我国一些技术及信息系统交易平台的建立，国内企业也可以通过开发减排碳无形资产来获利（高喜超，2014）。尤其是一些低碳技术不仅可以给企业带来巨大的利润增长空间，而且可以使企业通过低碳技术转移、成果转让等获取相应的收益。

2. 配套设施与环境背景相匹配

改革开放以来，我国一些传统企业一直采用粗放模式发展，产量直线上升，资源消耗也不断攀升。这种增长模式在产能低下、物质紧缺的时代起到了一定的促进作用，但是随着生产力的提高，这种经济增长模式与环境不相匹配，阻碍了企业的低碳发展（高喜超，2013）。因此，随着低碳经济的不断深入，一些高耗能的配套设施逐渐不再适应生产力的发展，但由于更换的成本高及我国企业目前没有承担强制减排的义务等原因，绝大多数企业一直维系着原有的生产模式。

随着全球碳约束的加剧，后危机时代的传统企业不得不面对需要更新设备的问题。当前，政府鼓励企业发展低碳经济，与之相关的支持政策也不断出台，企业可以借助相关政策，更换生产设备，破除"技术锁定效应"（江玉国等，2014），例如2011年，山钢在一些低碳项目上获得了政府的贴息贷款和技改资金，引进了先进的设备，企业的技术得到升级。由此可见，企业可以运用低碳经济理念改造生产流程，借助国家的相关支持性政策对原有陈旧的设备加以整改、更换，逐步采用低耗型的生产设备，改进生产工艺。

在低碳时代，企业的低碳竞争已经展开。把握机遇，淘汰落后的配套设施，研发新的生产工艺，引进先进的管理经验和技术等，是企业不断焕发生机的秘诀。

3. 维系发展

2010年以来，我国一些行业进入了微利时代，以钢铁行业为例，近年国内钢铁行业出现了严重的产能过剩，预期这种微利甚至是零利时代将会持续存在。一些钢铁企业举步维艰，2015年武钢、山钢、攀钢等大型企业出现亏损，很多企业进行了裁员。中国企业面临着严重的"大考"，一边是产能过剩造成的微利、零利和亏损，另一边则被西方国家戴上了"高排放""高污染"的帽子，备受指责，企业的压力前所未有（胡颖梅等，2016）。随着国家相关调控政策的出台，很多产能低、高排放的企业将面临转型，钢铁大省河北即将在"十三五"期间淘汰1.2亿吨钢铁产能。在其他行业，如水泥、石油化工、煤炭行业等也存在类似的问题。在经济高度市场化的今天，"低碳"将成为企业竞争的"新高地"，如果企业至今还没有充分认识到低碳时代的到来、碳资产开发的重要性，那么被市场无情"抛弃"将为期不远，"马太效应"在未来中国的一些行业中可能会愈加明显（刘鹤等，2014）。在这种背景下，企业发展低碳经济，积极转型，提升低碳竞争力，不失为发展的机遇。

我国部分企业大胆做了一些尝试，也取得了非常好的效果，例如宝钢引进了低碳理念，降低了冷轧产品的碳排放强度，成功将其产品出口到美国、欧盟等国家和地区。根据美国商务部数据，美国对钢铁具有很强的进口依赖性，其国内大约30%的钢铁从中国、巴西等国进口。在这种形势下，一些西方国家为了发展本国的企业，可能会采取相应的保护措施，未来我们可能会面临更多的贸易壁垒，碳准入、碳关税、碳配额购买、碳审计与碳排放信息披露等都会对我国企业产生较大的影响。发展低碳经济是解决问题的根本办法，也是我国企业维系发展、提升低碳竞争力的根本所在。

三 企业"碳资产"产生低碳竞争力的机制分析

企业落实低碳政策、开发碳资产从而提升低碳竞争力最终要落实于企业的产品、服务及利润上（高喜超，2014）。企业作为追逐利益的组织，不仅要维护股东的利益，还要承担相应的社会责任（陶晓红，2012）。有些企业管理者认为降低碳排放会损害企业利益，于是在面对减排问题时就形成了企业、政府、社会相博弈的格局。从短期看来，作为发展中国家，中国在《京都议定书》第一期承诺期没有承担强制减排责任，企业沿着老路发展，放弃对碳资产的积累去追逐利润具有一定的合理性（邓玉华，2013）。从企业碳资产开发利润分析图可以看出（见图4-1），t_1期期初的利润增长速度为n，在理想化状态下，从t_1到t_5，那些没有采取低碳措施的企业可以保持原来的利润增长轨迹（I_1）。但是随着我国限排政策的严苛，这种增长格局有可能会打破（E），即一些小产能、高排放企业将被迫关停，原有的利润增长将成为泡影。而那些积极落实低碳政策、开发碳资产的企业，从t_1期期末将承担相应的成本，如果连续开发则需要连续几期投入相同的成本（假设需要投入两期），这会导致企业在t_2、t_3两期的利润水平下降。但从t_3期期末开始，企业因为积极开发碳资产，采用的发展模式及路径符合国家低碳发展的要求，其利润增长率将得到提升（I_2）。从图4-1可以看出，在t_5期期末利润水平便回到原先的水平，但是其增长率要高于I_1，这时候将会有更多的利润来弥补原来的利润损失，且这种发展具有可持续性，符合国家的低碳政策规定。

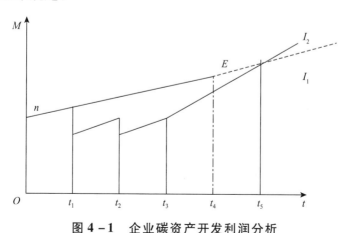

图4-1 企业碳资产开发利润分析

当前，企业的发展不能只注重眼前的经济利益，而是要与时俱进，走低碳发展的道路。企业唯有采取低碳措施，落实相关的低碳政策，积极开发碳资产，其发展才是可持续的，赢利能力才能得到保障。

第三节　企业"碳资产"与企业低碳竞争力统一性分析

当前，我国正大刀阔斧地实施改革，政府将科学发展、低碳发展提升到了国家战略层面。低碳发展成为大势所趋，节能减排也将成为我国企业的新常态。企业必须充分认识：发展低碳经济并不是为环境破坏"埋单"，偏离了企业既有的经营目标，而是适应未来市场的一种需要，发展低碳经济能够强化企业未来的赢利能力。因此，在政府采取高压限排政策的环境下，很多"高排放型"企业将会面临市场"大考"，唯有审时度势、未雨绸缪才能有更好的发展。积极参与低碳活动、开发碳资产的企业，最终将会顺应时代发展的大潮，得到公众的信任和支持，树立起良好的社会形象，在获取资源、利润等方面获得竞争优势，从而实现企业可持续发展的目标（陶晓红，2012）。国外大量的研究表明，企业参与低碳活动及积累低碳资源与企业经营绩效之间有显著的正相关性，参与程度越高，企业的绩效越好（刘鹤等，2014）。开发碳资产已成为企业在低碳大环境下获取低碳竞争优势的策略性行为，基于此，企业碳资产的积累与企业低碳竞争力的提升具有统一性。

一　微观层面

在高度发达的市场环境下，企业面临着复杂的经营环境，其战略的制定、文化的建设及管理方式的选择等既要适应时代的变化，也要适应现实的微观经济环境。企业之间的竞争不再是单纯的产品的竞争，而是上升到文化、战略层面。面对这种形势，碳资产的开发已不仅仅是低碳发展的需要，也是企业向社会传递其核心价值观的一种方式，关乎企业能否可持续发展。在微观层面，企业碳资产与企业低碳竞争力的统一性主要表现在以下几个方面。

第一，企业碳资产的开发可以使其获得服务、产品差异化的优势。一些企业通过差异化的产品或服务获得超过同行业平均水平的溢价，来弥补带来这种差异化所产生的边际成本上升量，这部分企业将获得领先于其竞争对手的竞争优势，例如采用低碳物流、低碳信息系统等企业（邓玉华，2013）。

改革开放以来，我国经济飞速发展，建起了大量的与之配套的基础设施。此时，顾客购买产品更注重的是用途和质量，企业之间的竞争更多地取决于产品质量，产量规模和产品质量成为衡量企业竞争力的重要指标。但随着《联合国气候变化框架公约》的达成及《京都议定书》的签署，发展低碳经济成为必然的时候，面对高度同质化的产品，消费者选择产品的意愿发生了变化，更倾向于选择一些具有高附加值的异质产品。当低碳消费成为一种时尚的时候，人们更倾向于选择低碳产品和服务，例如一些贴有低碳标签的产品将会更容易获得市场准入，赢得客户的"青睐"。

企业可以通过碳资产的开发来提供低碳产品和服务，从而提升其产品或者服务的美誉度，例如碳标签的运用、碳盘查信息的对外公开等。这种差异化优势作用的发挥需要企业释放出一种参与低碳发展的"信号"。但由于交易双方可能存在信息不对称，致使企业的差异化优势不明显，因此需要企业积极主动地释放相应的信息。综上，企业积极参与低碳活动，开发各类碳资产，对企业低碳竞争力的形成起到重要的推动作用。

第二，企业碳资产的开发有助于厉行节约和提高效率，获得竞争优势。企业碳资产的开发要求企业厉行节约，提高能源的利用效率，从产品的生产到销售，整个价值链遵循低碳的原则（高喜超，2014）。从长远来看，企业的低碳发展并不会造成其成本的大规模上升，反而会在一定程度上节约成本。因为企业碳资产的开发不仅是时代的呼唤，更是企业制定新的管理标准、生产模式的需要，企业可以借助发展低碳经济这一契机，打破以往的"技术锁定"，构建适应低碳发展的基础设施。碳资产的开发与积累与企业追求利润的目标并不相悖，是有机统一的，企业在节约、高效的同时提升了其低碳竞争力（范莉莉等，2015）。

二　宏观层面

在企业制定低碳战略与执行低碳活动中，企业碳资产的开发与企业低碳竞争力是统一的，碳资产的获取不仅有助于获得经济利益，还可以为企业争取良好的宏观发展环境，从整体上提升企业的低碳竞争力。在宏观层面上，企业碳资产的积累与企业低碳竞争力提升的统一性表现为以下几个方面。

第一，企业碳资产的开发和积累有利于经济社会的可持续发展。从短期看，企业制定低碳战略、进行低碳实践在某种程度上会增加企业的运营成本，但从长期来看，则有利于企业维持利润最大化的经营目标（高喜超，2014）。此外，企业开展低碳活动能够向社会传递一种积极的信号，展示企业勇于承担社会责任的担当。同时，也使政府及利益相关者增强对企业的信任，提高企业自身的美誉度和知名度，最终为营建良好的经济社会环境贡献自己的力量，实现自身的社会价值（邓玉华，2013）。在这个过程中，企业也能够获取稳定且持续的收入。企业碳资产的开发与积累，不仅会使企业节约资源、提高效率，同时也有利于经济社会的可持续发展。

第二，企业对碳资产的开发和累积可以为企业创造良好的外部环境和发展空间。随着现代市场经济的发展，人类对经济发展质量的要求越来越高，经济发展规模已经不再是衡量经济增长的唯一标准。在这个过程中，政府以及社会对企业行为提出了更高的要求，一些规则和标准也相应出台。企业的行为被约束在一定的规则范围之内，如果其行为与这些规则相悖，就需要付出相应的成本并接受相应的惩罚。因此，作为经济活动的主体，企业在追求利润的同时，必须承担相应的碳减排责任。

企业的生产经营不能有悖于社会利益，必须在法律框架内安排自己的活动。依法经营的企业其生产经营自主性不断增强，同时有助于营建有利的外部经营环境。此外，企业是经济发展的参与者，其本身拥有社会性的特点，在经营过程中必须考虑各利益相关者的权益和利益。恰当处理好企业与各利益相关者之间错综复杂的关系，有利于优化外部环境，也有助于企业拓展自身的发展空间。基于此，企业在生产经营过程中积极实施低碳活动，积累更多的碳资产，不仅是企业自身追逐利益、维持可持续发展的需要，更是构建和谐社会的需要。

第三，企业开发碳资产有助于减少经济负外部性。一定时期以来，企业的碳排放使整个社会受损，而企业却没有为此承担相应的成本（唐跃军，2006）。

依据科斯定理，只要界定清楚企业碳排放量的产权就可以消除经济活动的外部性。《京都议定书》签署后，"碳资产"作为一种越来越稀缺的资源被企业所追逐，并逐步演化成为一种"环境资本"。企业通过相应的低碳活动对"碳资产"加以开发，既可以获得经济利益，也可以获取维系可持续发展的权利。如图4-2所示，在政府限排政策的推动下，通过制度的创新及市场机制的完善，一些企业减少的碳排放量得以被发现并成为一种资产；而另一些企业产生了严重的碳排放，产生了严重的负外部性（唐跃军等，2010）。碳交易通过碳金融制度的创新和跨组织信息系统（IOS）平台得以完成，最终使企业带来的负外部性在系统内得到有效化解（唐跃军，2006），从而获取更多的低碳资源和持续生产的权利，企业的低碳竞争力也就得到提升。

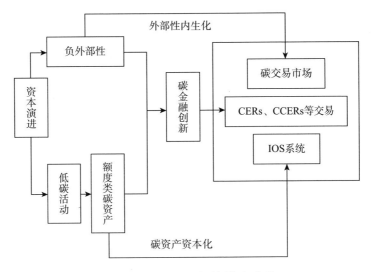

图 4 - 2　组织外部性的内生化

　　本章对企业"碳资产"与企业低碳竞争力的关系进行了分析。首先，提出了企业低碳竞争力的内涵，提出企业低碳竞争力具有可测度性、低碳化、相对性、阶段性、行业属性、综合性的特征，并对企业低碳竞争力的现状和存在的问题进行了深入剖析。其次，对企业"碳资产"与低碳竞争力的关系机理进行了分析。经过分析，提出了企业碳资产产生低碳竞争力的两个内在条件，以及企业通过"碳资产"提升其低碳竞争力的动机，并对企业"碳资产"产生低碳竞争力的机理加以分析。最后，从宏观和微观两个层面对企业"碳资产"与企业低碳竞争力的统一性进行了分析。

第五章
基于减排碳无形资产的企业低碳
竞争力评价指标体系的构建

　　精简、科学、系统的指标体系是准确评价的前提，所以在企业低碳竞争力评价指标的选取上一定要采用科学的方法。结合第三章的研究内容，按照不同的分类标准，可知碳资产有多种类型，其中，按照是否具有实物形态，可以将碳资产分为碳有形资产和碳无形资产。根据第四章的研究内容，企业"碳资产"与企业低碳竞争力具有统一性，且"碳资产"作为一种稀缺的资源直接关系到企业能否可持续生产，对企业低碳竞争力起决定性的作用，但各类"碳资产"对企业低碳竞争力贡献的程度是否相同？碳有形资产的价值可以被精确地计算和评价，其对企业低碳竞争力的贡献体现为一种具体的数值。而在低碳活动中，企业的碳无形资产，如企业低碳技术水平、低碳人力资源规划、低碳管理水平及低碳组织体系等，其价值则不容易确定，更难以以量化形式被人们所认识，但它们对企业降低碳排放强度、提升能源利用效率等起到强大且无形的推动作用，反映了企业动态可持续的竞争能力（高喜超，2014）。碳无形资产神奇地驾驭着企业的低碳经济发展，综合地反映了企业在低碳竞争中的相对优势，是企业获得低碳竞争力的重要源泉（江玉国等，2014）。基于此，本章将以碳无形资产为研究视角来构建企业的低碳竞争力评价指标体系。

第一节　碳无形资产对企业低碳竞争力的影响

根据第三章的研究内容，从广义层面看，按照企业碳排放量的表现形态不同，碳无形资产可以分为额度类碳无形资产和减排类碳无形资产。其中，额度类碳无形资产又可以分为配额碳无形资产（Carbon-intangible Asset of Quota）、项目碳无形资产（Carbon-intangible Asset of Project）和盘查碳无形资产（Carbon-intangible Assets of Project Inventory）三类，且不同类别的碳无形资产对企业低碳竞争力的影响程度不同。

配额碳无形资产是政府根据环境目标预先设定一定时期内该地区的温室气体排放限额，然后根据企业或行业的状况确定企业或行业的减排量，进而细化分配给各企业，即企业在某一段时间内被允许排放的温室气体量就是其配额碳无形资产（江玉国等，2015）。该类碳无形资产的积累程度受到国家政策的影响，同时又受到企业自身碳排放状况的影响。

项目碳无形资产是企业通过外部的减排项目所获取的碳排放指标。《京都议定书》规定发达国家与发展中国家具有"共同但有区别的责任"，使得减排量具有了在空间上流动的可能性，进而形成了CERs。随着国际碳市场的渐趋惨淡和中国碳交易试点的展开，在国内建立减排项目已基本成熟，各种方法学也不断完善，各种CCERs（中国核证自愿减排量）不断出现，该机制非常灵活，如同欧盟碳交易市场中的 CERs。该类碳无形资产为企业提供了用于可持续发展的碳排放权利（江玉国等，2015），但其收益具有不确定性，风险较大。

盘查碳无形资产是一种信用碳资产，是指企业通过确定核算边界、碳排放源，采用科学的核算方法计算出企业一定时期内的减排量（相对于前一期的排放量），经管理机构认证而形成的一种碳资产（江玉国等，2015）。其碳足迹核算主要包括直接排放、间接排放、特殊排放三个方面（Matthews et al.，2008）。盘查碳无形资产所累积的数量受多种因素影响，例如碳排放基线数据的确定、碳排放源的划分、碳盘查标准（目前的标准仅有 PAS2050、ISO14064、GHG protocol、IPCC 几种）、第三方核查机构状况等，同时也受到国家宏观政策的影响。

减排类碳无形资产是一类广义层面上的碳资产，指企业所拥有的具有低碳价值的无形资源，其价值不容易确定，难以量化，但这些资源对企业降低碳排放、降低能源消耗起到重要的作用（江玉国等，2014；高喜超，2013）。减排碳无形资产低碳价值体现为各种碳无形资产的合力，通过自身减排活动整合各种资源获取减排量（相对于前一期的排放量），经过认证机构监测、计算、认证等确定其具体数量。

这几类碳无形资产的积累对企业低碳竞争力都起作用，但是贡献程度却不同。配额碳无形资产是政府针对企业制定的一种碳配额，其获取数量有很大的不确定性，受很多因素制约（例如国家减排政策的变化、行业状况、企业上一年度的履约状况、技术水平等），该类碳资产对企业低碳竞争力的贡献较小，仅仅体现为一种静态竞争力。项目碳无形资产主要是企业通过投资风电、水电、太阳能等减排项目来获取来自企业外部的碳指标，该类碳无形资产对企业自身竞争力的提升贡献很小且也表现为一种静态竞争力；盘查碳无形资产是企业经过碳盘查所形成的一种碳排放指标，其对企业低碳竞争力的提升是暂时的，且贡献也非常小（范莉莉等，2015）。

企业低碳竞争力的来源关键是靠"内功"，即企业通过整合自身各种减排碳无形资产而获取减排量的能力，这种减排量经过认证就形成认证碳无形资产，进而形成一种动态的、持续的低碳竞争力（江玉国等，2015）。这种减排碳无形资产难以被模仿，却能给企业带来长期的低碳效益（高喜超，2014）。因此，减排碳无形资产是企业低碳竞争力的决定性因素，能真正衡量一个企业的低碳竞争力状况。

第二节　减排碳无形资产视角下企业低碳竞争力评价指标体系的构建

一　评价维度的研究

（一）评价维度确定的必要性分析

以减排碳无形资产为企业低碳竞争力的研究视角，首先要确定的是评价的维度，即一级指标的选择问题。根据第三章的研究内容，减排碳无形资产涉及企业的多方面，依据企业管理职能及构成要素的特点不同，减排碳无形资产可以分为市场类碳无形资产、技术类碳无形资产、计划控制类碳无形资产、组织类碳无形资产、人力资源类碳无形资产、生产管理类碳无形资产、文化类碳无形资产、政策类（关系类）碳无形资产八类（江玉国等，2014；刘鹤等，2014）。如果单以一类碳无形资产对企业低碳竞争力进行评价显然不准确，如何从多个维度对其进行科学、准确地评价，是本书重点研究的问题。评价维度（一级指标）的选择要满足两个基本条件：一是含有能够综合评价样本企业低碳竞争力的因素，二是避免因素交叉和计算量过大。以上八类碳无形资产，对企业低碳竞争力的影响程度不同，这就需要选取对其起决定性作用的维度。

综上，对企业低碳竞争力进行评价，要全面、客观地进行，维度的确定是确保评价准确、科学的关键环节。维度过多，会加大计算的工作量且让人难以理解，维度过少则难以进行综合评价。因此，科学的评价首先需要尽可能地选择适合的评价维度。

（二）评价维度的确定

本书采用文献研究法，通过对所检索的文献进行整理、归纳，探索影响企业低碳竞争力的减排碳无形资产。通过对经典文献的研究，笔者发现学界普遍认为影响企业低碳竞争力的主要因素包括人力、技术、管理、市场、政策、文化六个方面。

1. 人力碳无形资产

在低碳经济的大背景下，企业人力资源战略管理发生了根本性的变革，由过去的关注成本和利润两大指标，演变为关注附有环境因素的"综合成本"和"综合效益"等指标（肖序等，2011）。为了更好地适应未来发展的需要，企业在人力资源引进、开发、人才培养体系的建立等各环节都需要考虑低碳因素，广泛吸纳更多拥有低碳思维、低碳理念、减排技术的员工非常有必要，例如掌握低碳生产工艺的工人、碳经纪人、CDM 顾问、碳财务顾问等（方文杰，2013）。人力资本是企业低碳竞争力培育的主要参与者，是综合企业各种资源的载体，其作用通过构建企业文化、制定内部管理制度等体现，使各种资源服务于企业发展的同时，提升企业的低碳竞争力（高喜超，2013）。

2. 技术碳无形资产

技术不仅可以提升企业的生产效率、降低成本，还可以引领能源利用方式的转变，提高能源的利用效率，可以说，低碳技术是企业获取低碳竞争力的主要手段（赖小东等，2012）。在实现经济发展的过程中，技术作为无形资产的一部分对企业发展目标的实现、低碳竞争力的提升起到推动作用，低碳技术将决定气候变化国际博弈的格局和走向（江玉国等，2014）。Albino 等（2014）认为采用低碳技术可以大幅降低大气二氧化碳浓度，是企业降低能源成本的重要手段。Fleishman 等（2010）认为低碳技术的不断研发与创新是减少二氧化碳排放的主要手段之一，也是提升企业低碳竞争力的重要举措。企业主要通过研发低碳工艺技术、低碳产品、进行低碳管理创新等方式来提升低碳技术水平，在企业的低碳竞争中，技术创新已成为企业竞争的主题（独娟，2012）。

3. 管理碳无形资产

企业的生产管理水平对企业竞争力的提升起着重要的作用，企业应当将管理思想渗透到生产经营各环节中（金碚等，2007）。在减排活动中，对企业的管理主要从两个层面进行：一是组织层面的管理，即对各种组织采取必要措施，使得组织在整个运营过程中减少碳排放（李先江，2012）；二是产品层面的管理，即从原材料加工到产品生产、销售的整个过程的管理（马秋卓等，2014）。在全球低碳经济的背景下，低碳管理不是一种时尚概念，是未来经营中的杠杆，企业通过管理水平的提高，可以有效降低单位产品的碳强度。通过碳盘查、碳跟踪、碳标签、碳会计等手段，企业将低碳管理纳入企业的管理机制和监督机制，进而形成低碳竞争力（刘萍等，2013）。

4. 市场碳无形资产

江玉国（2016）认为市场机会对企业进行环境管理的态度和环境管理行为有着显著的影响，是企业低碳管理的外部动因。碳标签的采用使得产品或服务在生产、提供过程中释放的二氧化碳得以量化，随着人们生活水平的不断提高和消费者低碳偏好的不断增强，市场对低碳产品的需求不断增长，同时，国际市场对低碳产品的需求也不断增强，对企业经营模式的转变起到一定的推动作用（徐砥中，2011）。在市场需求的驱动下，企业迫于倒逼机制的压力，将改善原有的高耗管理模式，进而减少碳排放量。

5. 政策碳无形资产

资源基础观认为，企业是整合各种资源的集合体，其中所有资源中最重要的资源是关系资源，这种关系资源来源于企业的社会网络及政府关系，良好的关系网络有助于企业获取相应的政策支持，会对其行为产生深远的影响（王子龙等，2014）。在全球发展低碳经济背景下，利用一些限排政策，企业可以获取运营所需的某一些资源（例如由于实施减排措施而获取的土地、机械设备，政府为低碳技术引进创建的平台，为减排项目融资等）。企业可以通过树立良好的形象、搭建稳固的关系网络、争取政策支持、争取财政投入等方式降低企业的经营风险（高喜超，2013）。随着低碳政策的深化，各级政府不断出台相应的限排政策，诸如一些财政补贴政策、税收减免政策、融资租赁政策等都可以为企业的低碳发展提供多种资源。大量的研究表明，把握好国家的限排政策对企业的低碳发展至关重要。

6. 文化碳无形资产

企业文化是企业中长期形成的共同理想、基本价值观、作风、生活习惯和行为规范的总称，是企业在经营管理过程中创造的具有本企业特色的精神财富的总和，对企业成员有凝聚力和感召力（朱瑜等，2007）。企业文化建设要与社会发展步调相一致，在低碳经济时代，企业低碳文化要融入整个企业文化（束军意，2009）。不仅可以在企业内部形成节能减排的氛围，促进减排，还可以树立良好的企业社会形象，构建一种有利的公共关系。低碳文化良好的企业能够把低碳管理、低碳战略、低碳组织与人等各种因素融合在一起，制定完善的培育低碳文化的规划和实施的步骤，这种文化虽难以被学习但可以培养（徐砥中，2011）。把低碳文化融入企业运营的各个方面，增强企业低碳文化附加值，是提高企业低碳竞争力的重要措施。

范莉莉等（2015）通过实证研究，探索了基于减排碳无形资产的企业低碳竞争力影响因素。首先在 Web of Science 数据库中以 "carbon emission reduction and influencing factor" 为关键词进行检索，得到 556 篇文献；在 CNKI 数据库中以"碳排放"和"影响因素"为关键词进行检索，来源类别选择中文社会科学引文索引（CSSCI），检索显示共收录从 2007 年到 2014 年的文献 390 篇。通过对两大数据库进行检索，获得了 192 篇有关碳排放影响因素的文献，从中筛选出加工制造业企业文献 79 篇（范莉莉等，2015）。通过对相关文献进行研读、归纳和整理，发现学界普遍认为技术水平、人力资本、管理水平、能源结构、文化建设、能源结构、关系和市场需求是影响工业企业碳减排的主要因素，并提出了影响企业低碳竞争力的因素模型及假设，利用结构方程模型验证了研究假设，最后得出结论，企业低碳竞争力的提升主要通过低碳技术水平的提高、管理水平的改良、人力资源素质的重塑、市场因素的驱动以及低碳文化建设五个方面来实现（范莉莉等，2015；胡颖梅等，2016）。

综上，本书将基于范莉莉等（2015）所提出的五个评价维度来构建企业的低碳竞争力评价指标体系，即技术碳无形资产、人力碳无形资产、管理碳无形资产、文化碳无形资产、市场建设碳无形资产。

二　评价指标体系的构建原则

评价指标直接影响评价的最终结果，要得到科学、合理、准确的评价，必须在指标选取上下功夫。在明晰碳无形资产内涵的基础上，需要建立一个科学的、多维度的衡量其各方面低碳水平的尺度，即低碳竞争力评价指标体系。在指标体系的构建过程中，笔者查阅了各种文献，在吸收和借鉴已有成果的基础上，对一些企业进行了调研，咨询了相关专家，筛选出科学、合理且独立的评价指标。本书构建低碳经济评价指标体系遵循以下原则。

1. 系统性与层次性相结合

企业的碳无形资产是一个系统体系，对企业低碳竞争力进行评价，不仅要全面，还要避免指标的重叠，为实现评价的系统优化，应依据减排碳无形资产的影响因素，制定科学的评价指标。为了避免指标的重叠，本书将减排碳无形资产进行细分，构建科学的评价指标体系，使其全面、清楚，便于操作。

2. 动态性与稳定性相结合

企业发展低碳经济是一个动态过程，构建低碳竞争力指标体系必须体现动态可比性和横向可比性。企业低碳发展水平不仅要在时间序列上动态可比，而且在同一时间不同企业之间也要具有可比性。所构建的统计指标口径要一致，其含义要明确，尽量采用与国际惯例相一致的指标，符合国际、国内行业的制度规范。

3. 全面性与代表性相结合

企业的碳无形资产作为一个有机整体，是多种碳隐形资产综合作用的结果。因此，碳无形资产的指标体系应反映影响企业低碳竞争力的各个方面。指标的选取应当具有典型性、代表性，避免重复或相近的指标，使指标体系能合理、准确地反映企业的低碳竞争力。

4. 定性分析与定量计算相结合

低碳评价指标体系应具有可比性和可测性，尽量选择定量的评价指标，定性指标应有一定的量化手段。但有些指标很难量化，可将它分成若干个等级，将定性指标定量化，使之更加合理。

5. 系统性与独立性相结合

企业低碳竞争力评价指标的构建需要遵循系统性和独立性相结合的原则。所谓系统性就是指所构建的指标体系内部应当具有一定的逻辑关系，例如指标体系要有足够的涵盖面。独立性是指所构建的低碳竞争力评价指标体系要保证独立性，尽量减少概念上的重叠和指标的相关性，避免不必要的计算。

6. 科学性与可操作性相结合

企业低碳竞争力评价指标不仅要能对低碳经济系统各环节、各层次进行高度概括，反映企业内在的客观情况，而且其评价指标体系还要便于操作，评价计算简便易行，各项评价指标及其相应的计算力求规范化、标准化、全面化，并有明确的描述说明。目前，有关碳无形资产类别及系统评价指标的文献很少，在指标的制定过程中，需要充分借鉴国内外比较成熟的指标划分原则，同时需要到不同企业进行一些咨询，确认评价指标是否可行。

7. 全面性与简明性相结合

企业低碳竞争力评价所涉及的方面很广，其评价指标体系也需要涵盖多个方面。因此，需要构建相对全面的评价指标体系，即评价指标体系应当能够总体反映企业低碳竞争力的发展状况。表面上看，所选择指标越多、越全面，反映客观现实也越准确，可信度也就越强。但事实并非如此，指标数量增加，难免会有指标重叠的现象，加大了收集数据和处理数据的工作量，这不利于客观准确的评价。所以在指标体系的构建过程中，既要保证全面性，还要保证内容简单、明了，并具有典型性、代表性，同时兼顾数据的可获取性。

三　评价指标的筛选

评价指标体系对评价结果的准确性至关重要，所以在指标体系的构建过程中不能将一些指标进行简单的罗列，应该遵循科学的选取方法。本书将按照"初选（粗选）—精选"的流程设计企业低碳竞争力的评价指标体系。

（一）指标的初选

首先，对评价指标进行初选要充分考虑各方面因素，保证能够全面搜集相关的评价指标。在指标的初选过程中要确保足够的信息量，全面、系统地搜集相关指标。指标的选择要采用静态与动态相统一的原则，既充分体现动态性，具有时间的敏感性，同时能够与时俱进，不仅反映企业一定时期的发展状况，也要体现其变化趋势。此外，所选择的评价指标一定要具有可操作性，既能充分体现企业低碳竞争力状况，又能收集到相关数据，便于运算。在保证这几点的情况下，本书采用文献研究法、Brain-Storming 法、理论推理法等方法全面收集每个评价维度上相关的指标。

（1）采用文献研究法，广泛检索并收集与碳资产、碳无形资产及企业低碳竞争力评价相关的核心文章，研究并选出该部分文献曾经使用过的指标。由于所检索的关键词出现时间不长，与碳资产、企业低碳竞争力评价等相关的文献还比较少，所以扩大了检索范围，以"企业竞争力评价"和"无形资产"为关键词对相关文献进行检索，获取了大量文献。此外，以每一评价维度为关键词进行检索，即以"技术水平""人力资源""生产管理""企业文化""市场建设"等为关键词搜索了有关"评价"方面的文献，将这些研究文献加以整理，选出学者们所采用过的指标。

（2）项目团队邀请了成都理工大学管理科学学院、西华大学工商管理学院、西南交通大学经济管理学院部分老师及 2012 级的部分博士研究生参与指标的筛选讨论。首先向各位研讨者说明减排碳无形资产概念、类别以及评价的维度，继而采用 Brain-Storming 法，集思广益，讨论并收集各维度上的评价指标。

（3）采用理论推理法选取了一部分评价指标。项目团队根据减排碳无形资产对企业低碳竞争力的作用机制，分析并推导出了部分评价指标，弥补了 Brain-Storming 法和文献研究法的不足。通过以上措施，收集到了非常全面的评价指标，确保进一步对指标进行精选。通过以上途径粗选出的指标集见表 5 - 1。

表 5 - 1　基于减排碳无形资产的企业低碳竞争力评价指标体系（粗选）

一级指标	二级指标		
人力碳 无形资产	低碳技术与管理人员占比； 企业家洞察力； 低碳技术专业资格数量； 人力资源开发成本率； 人力资源管理的低碳化水平； 核心领导团队的凝聚力	低碳专业资格占比； 技术人员的维持水平； 人力资源的专业技能； 人均碳排放水平； 激励机制的有效性； 员工低碳智能水平	员工观念素质指数； 员工学习状况； 人均利润率； 员工的低碳意识水平； 员工的忠诚度

续表

一级指标	二级指标		
技术碳无形资产	低碳技术 R&D 占销售收入的比重； 专利数量； 单位产品碳排放强度率； 低碳专利产品销售比重； 产品合格率； 产品独特性； 低碳技术开发数量	低碳技术国产化率； 主要资源利用效率； 技术吸收能力； 固体废弃物综合利用率； 技术附加值状况； 低碳技术投产率； 创新成果的转化率	单位产品综合能耗 低碳研发人员比例； 低碳技术吸收率； 低碳技术开发周期； 新产品开发成功率； 能源利用效率； 专利产品销售比重
市场碳无形资产	销售增长率； 品牌价值含量； 企业绿色营销投入增长率； 市场拓展率； 低碳产品营业收入增长率； 营销渠道低碳化水平； 客户重复购买率	品牌美誉度； 低碳消费偏好水平； 营销网络完善度； 企业低碳商业合作数量； 市场覆盖率； 低碳用户满意指数； 客户保有率	市场占有率； 低碳品牌知名度； 客户增长率； 市场应变能力； 出口增长率； 主营业务收入增长率； 营销人员比率
管理碳无形资产	能源消耗额占生产成本的比重； 基层员工低碳意识的培育状况； 企业低碳管理制度的完备性； 低碳信息技术先进度； 低碳产品更新速度； 参与行业低碳标准制定的能力； 企业低碳社会责任的履行	企业碳盘查能力； 管理层低碳意识的培育； 企业治理结构状况； 低碳化 AD/AA 指数； 母合关系； 企业低碳制度的满意度； 生产规划能力； 低碳信息技术拥有率	能源消耗利润率； 低碳产品成本水平； 低碳化 IS/AD 指数； 产销率； 制度与管理创新； 管理执行力； 应收账款周转率； 管理人员占比
文化碳无形资产	员工的低碳价值观状况； 企业低碳文化建设投资增长率； 企业学习型组织的建设情况； 企业的人员行为准则； CI 系统与企业的匹配性	企业低碳形象； 员工低碳意识指数； 员工忠诚度； 企业精神的明确性； 低碳文化融合度； CIS 与企业的匹配性	企业低碳文化聚合力； 员工低碳行为表现； 企业低碳文化适应性； 企业低碳管理制度的完善程度； 企业低碳文化先进性

（二） 指标的精选

在指标的初选过程中，为了确保信息量足够，采取了系统、全面的选取原则。然而海选的指标，可能存在很强的相关性，不利于客观评价企业的低碳竞争力。为了避免指标的重复导致计算量过大，需要对指标体系加以优化，对其进行全面筛选。指标的筛选一般采用多元统计法，通过对指标的相关分析加以取舍，删除相关性较强的指标，确保最终获取的指标具有独立性。例如，对某一维度指标集合中的每一个指标进行回归分析，可以得到样本决定系数 R^2，若某个 $R^2 > 95\%$，说明该指标所反映的评价信息基本包含在其他指标中，需要删除该指标；如果某一维度的指标中出现了多个指标的 $R^2 > 95\%$，则需要进行多次回归分析，且从大到小依次删除，直到剩余的所有指标 $R^2 < 95\%$ 为止。最终，获得五个评价维度的指标集合，其各个指标间将不存在信息重复的情况。此外，还可以通过主成分分析，将那些总体方差贡献率非常小的指标删除，最终得到优化的指标集。

利用以上多元统计方法对粗选指标集进行优化会得到较为理想的指标集，但现实中实现难度较大，因为不仅需要规模庞大的原始数据集，还需要烦琐的计算工作。在本研究之初，笔者及团队做了一些该方面的工作，也选出了个别维度的一部分指标，但最终由于笔者所能获取的资源有限加之时间紧等客观因素，发现该方法不可行。因此，本书精选指标还主要依靠 Delphi Technique 法。

首先，制作了相关的咨询表，见附录 A 表 1 的专家咨询表；继而遴选专家，所选取的专家包括成都理工大学管理科学学院，西华大学工商管理学院，西南交大经济管理学院的教授、博士研究生，以及部分企业界专家，最终选取 9 位专家构成专家组（4 位教授、3 位博士研究生、2 位企业家），他们都对企业的竞争力理论非常熟悉。分别向参与该次咨询活动的专家发放相关资料并介绍有关碳资产、碳无形资产、减排碳无形资产的概念，以及其评价的维度及附录 A 中初选的指标集。向每一位专家介绍讨论的主题是优化评价指标，请各位参与专家给出初选指标的得分，并填写上专家认为应当具备的指标。之后，收回诸位专家的意见，并对相关意见进行整理和统计。继而进行第二轮咨询，将第一轮所获得的统计结果反馈给各位专家，请各位专家进一步考虑并对相关指标打分，再次收回意见并加以整理和统计。经过两轮的专家咨询，发现相关的指标已经非常集中，每一维度含有 5~8 个指标。最后，筛选结束，形成精选指标集，该指标体系具有一般性，从 5 个评价维度、26 个二级指标来反映企业的低碳竞争力，详见表 5－2。

表 5－2　基于减排碳无形资产的企业低碳竞争力评价指标体系（精选）

一级指标	二级指标	描述说明	文献来源
人力碳无形资产	X_{11} 低碳技术与管理人员占比（%）	（X_{11}）企业低碳技术和管理人员数量总和除以企业全体员工总数，其值越高表明该企业低碳竞争力越强。其计算公式为：低碳技术与管理人员所占比 =（企业低碳技术人员数量 + 企业管理人员数量）/ 全体员工总数 ×100%	范莉莉等（2015）；米国芳（2012）
	X_{12} 员工低碳化的投入占销售收入的比重（%）	（X_{12}）员工低碳化的投入占比 = 公司每年投入低碳项目的员工的招聘、低碳培训等费用总额/销售收入 ×100%	范徵（2000）
	X_{13} 低碳专业资格占比（%）	（X_{13}）该指标反映了企业获取低碳专业资格的数量，代表着企业人力资源的潜在低碳能力。低碳专业资格占比 = 员工低碳专业认证数量/员工总人数 ×100%	范徵（2000）；高喜超（2014）

一级指标	二级指标	描述说明	文献来源
人力碳无形资产	X_{14} 人均碳排放水平（吨/人）	（X_{14}）在一定时期内（通常指一年），企业碳排放总量与企业员工数量的比值	高喜超（2014）；范莉莉等（2014）
	X_{15} 员工学习状况	（X_{15}）该指标反映了企业员工自身的学习能力，以及根据时代背景或者市场需求变化做出敏锐反应的能力。根据其学习能力状况可以将其分为强、较强、一般、较弱、弱五个等级	范莉莉等（2014）
技术碳无形资产	X_{21} 低碳技术 R&D 占销售收入的比重（%）	（X_{21}）低碳技术 R&D 占销售收入的比重 = 减排技术的 R&D 基金/销售总额 × 100%	朱利明（2013）；高喜超（2014）；范徵（2000）
	X_{22} 主要资源利用效率（%）	（X_{22}）该指标反映了主要资源既定情况下，生产出的产品数量。其计算公式为：主要资源利用效率 = 产品总量/主要资源数量 × 100%	杨华峰（2005）；朱利明（2013）
	X_{23} 固体废弃物综合利用率（%）	（X_{23}）指每年综合利用工业固体废弃物的总量与当年工业固体废弃物产生量和综合利用往年贮存量总和的百分比	杨华峰（2006、2008）
	X_{24} 单位产品碳排放强度（$t \cdot t^{-1}$）	（X_{24}）该指标衡量的是生产单位产品所产生的温室气体的总量。其计算公式为：单位产品碳排放强度 = 碳排放总量/产品数量 × 100%	朱利明（2013）
	X_{25} 单位产品综合能耗（kgce/t）	（X_{25}）某种产品的单位综合能耗 = 该产品单位产量直接综合能耗 + 该产品单位产量间接综合能耗	范莉莉等（2015）；高喜超（2014）
	X_{26} 能源利用效率（%）	（X_{26}）该指标是衡量能源有效利用的综合指标，反映了能源消耗水平和利用效果。能源利用效率 = 有效消耗的能源数量/消耗的能源总量 × 100%	杨华峰（2006）

续表

一级指标	二级指标	描述说明	文献来源
技术碳无形资产	X_{27}产品合格率（%）	（X_{27}）合格率是指企业所生产合格的产品数目与总产量的占比。其公式为：产品合格率 = 合格产品数/产品总数 × 100%	范莉莉等（2015）
市场碳无形资产	X_{31}企业绿色营销投入增长率（%）	（X_{31}）该指标反映了企业用于绿色、低碳营销投入的增长速度。其公式为：绿色营销投入增长率 =（第二年的投入数量 – 第一年的投入数量）/第一年的投入数量 × 100%	范徵（2000）；范莉莉等（2015）；独娟（2012）
	X_{32}营销渠道低碳化水平	（X_{32}）该指标反映了企业营销渠道的可持续性、低碳化水平。根据企业营销渠道低碳化状况可以将其分为好、较好、一般、较差、差五个等级	范莉莉等（2014）；独娟（2012）
	X_{33}低碳消费偏好水平	（X_{33}）该指标反映了企业低碳市场的建设水平。根据企业消费者的低碳偏好程度可以将其分为好、较好、一般、较差、差五个等级	赵道致等（2014）；范莉莉等（2015）
	X_{34}低碳品牌知名度	（X_{34}）该指标是衡量某一低碳品牌被公众所知晓程度的指标，该部分公众主要是指潜在的顾客。低碳品牌知名度可分为好、较好、一般、较差、差五个等级（定性）；公式为：低碳品牌知名度 = 企业低碳品牌知晓的人数/抽样调查总人数 × 100%（定量）	范徵（2000）；范莉莉等（2015）；高喜超（2014）
管理碳无形资产	X_{41}企业低碳管理制度的完备性	（X_{41}）该指标反映企业碳盘查、节能减排行为规范、管理标准、操作程序等管理制度的建设状况。根据其建设水平可以将企业低碳管理制度的完备性分为好、较好、一般、较差、差五个等级	朱利明（2013）；

一级指标	二级指标	描述说明	文献来源
管理碳无形资产	X_{42} 企业碳盘查能力	（X_{42}）该指标是指企业编制碳排放清单的能力，即计算其在生产活动中各环节直接或者间接排放的温室气体的能力。可以将企业的碳盘查能力分为强、较强、一般、较弱、弱五个等级	刘萍等（2013）
	X_{43} 低碳化 AD/AA 指数（%）	（X_{43}）低碳化 AD/AA 指数是指用于减排的行政管理花费占管理资产的比例，反映了企业低碳化的管理投入。AD/AA 指数 = 减排的行政管理花费/管理资产×100%	范徵（2000）；范莉莉等（2014）
	X_{44} 低碳化 IS/AD 指数（%）	（X_{44}）该指标是指用于减排的信息技术花费占行政管理花费的比例，反映了企业低碳化的信息技术管理投入力度。IS/AD 指数 = 减排的信息技术花费/行政管理花费×100%	范莉莉等（2014）；范徵（2000）
	X_{45} 管理执行力	（X_{45}）企业管理执行力可分为强、较强、一般、较弱、弱五个等级	朱利明（2013）；杨华峰（2006）
文化碳无形资产	X_{51} 企业低碳文化建设投资增长率（%）	（X_{51}）该指标体现了企业低碳文化建设的投资力度的大小，反映了企业对低碳文化建设的重视程度。其计算公式为：低碳文化建设投资增长率 = （第二年的投入数量 − 第一年的投入数量）/第一年的投入数量×100%	高喜超（2014）；范莉莉等（2014）
	X_{52} 员工低碳意识指数	（X_{52}）该指标反映员工低碳环保的价值观、履行环保、践行企业低碳规章制度的意识。员工低碳意识指数可分为强、较强、一般、较弱、弱五个等级	朱利明（2013）；高喜超（2014）；独娟（2012）

续表

一级指标	二级指标	描述说明	文献来源
文化碳无形资产	X_{53} 低碳文化融合度	（X_{53}）低碳文化融合度是指集团公司内各子公司（或者各部门）之间低碳文化的融合程度。企业低碳文化融合度可分为高、较高、一般、较低、低五个等级	高喜超（2014）；范莉莉等（2015）
	X_{54} 企业低碳文化聚合力	（X_{54}）企业低碳文化聚合力是反映企业以低碳文化增强公司的向心力和凝聚力的指标。低碳文化聚合力可以根据其聚合力的程度分为强、较强、一般、较弱、弱五个等级	杨华峰（2006）；高喜超（2014）；范莉莉等（2015、2016）
	X_{55} 企业低碳文化先进性	（X_{55}）按照企业文化的先进程度，可以将企业低碳文化先进性分为强、较强、一般、较弱、弱五个等级	范莉莉等（2016）

经过 Delphi Technique 法筛选后的评价指标体系，有了很大的改进，该指标体系更具针对性。以往有关企业低碳竞争力的评价指标体系过多地注重财务指标而忽略了企业潜在的低碳发展能力，使得指标体系不具有针对性。向社会提供更好的低碳产品和服务，是企业低碳竞争力的外在体现，而企业低碳竞争力提升的根本要素却是减排碳无形资产，即减排碳无形资产是企业低碳竞争力的基础来源。精选后的指标体系正是立足于这一点，既考虑了诸如"单位产品碳排放强度"等这样的直接指标，又考虑了诸如"企业低碳管理制度的完备性"等这些企业低碳竞争力的基础来源。同时，精选后的指标体系删除了一些冗余的指标，例如"技术人员的维持水平""客户保有率"等，因为这部分指标更多地体现企业的核心竞争力，对企业低碳竞争力的反映不明显。此外，经过筛选后的评价指标满足独立性、具有可操作性等特点。

四 基于减排碳无形资产的钢铁企业低碳竞争力评价指标体系

表 5 - 2 所构建的企业低碳竞争力评价指标体系较具一般性，但是在现实环境下，每一个行业的具体情况不同，其低碳竞争力的具体评价指标或者具体的表述也会有一些差异。本书将从钢铁行业出发构建减排碳无形资产视角下钢铁企业低碳竞争力评价指标体系。

（一）构建指标的基本思路

前文构建了一般企业的低碳竞争力评价指标体系，这为钢铁企业低碳竞争力评价的指标体系的构建提供了参考。每一个行业，其碳排放状况不同、低碳竞争力评价的侧重点也会有所不同。本书选择钢铁企业进行评价，故其评价指标要根据钢铁企业的具体情况来定。另外，我国企业低碳竞争力研究起步较晚，加之国情不同于西方国家，所以不能照搬西方国家的评价指标体系。

目前，我国在对企业竞争力的评价中尚未建立起具有针对性的评价体系。现有的评价过于依赖财务数据，由于我国碳会计制度还没有建立起来，仅从财务报表或者上市公司年报中很难获取相关数据。而且财务数据仅反映企业当年或者过往的经营状况，不具有前瞻性，而企业低碳竞争力更多的是未来的一种减排能力。故在对钢铁企业低碳竞争力进行评价的过程中，财务指标与非财务指标是并重的。此外，针对现有的指标体系缺乏系统性研究，即在众多的评价中缺乏针对某一行业的系统性研究。本书在兼顾上述两方面因素的基础上，从减排碳无形资产积累的角度出发，结合钢铁企业的特征，构建了钢铁企业低碳竞争力的评价指标体系。

（二）钢铁企业低碳竞争力评价指标的说明

因为不同行业同一维度的评价侧重点和具体的量化方式会有一

些差异，行业不同维度指标的具体表述也会存在差异，故在制作钢铁行业的低碳竞争力评价指标时，除了参考表 5 - 2 的指标体系，还对相关专家进行咨询，根据钢铁行业的具体情况对表5 - 2 的指标体系进行适当调整。在量表的制作过程中，除参考了前文一般性企业的低碳竞争力评价指标以及与钢铁企业低碳竞争力指标相关的经典文献以外，还参照了国际能源署（IEA）发布的报告《世界能源展望 2009》和研究报告《20 国集团（G20）低碳竞争力指标》、世界钢动态公司（WSD）评价指标体系、冶金工业规划研究院的中国钢铁企业竞争力测评指标，具体见表 5 - 3。

表 5 - 3　减排碳无形资产视角下钢铁企业低碳 竞争力评价指标体系

一级指标	二级指标	指标类型	经典文献
X_1人力碳无形资产	X_{11}低碳技术与管理人员占比（％）	正向指标	米国芳（2012）；范莉莉等（2016）；范徵（2000）
	X_{12}员工低碳化的投入占销售收入的比重（％）	正向指标	
	X_{13}低碳专业资格占比（％）	正向指标	
	X_{14}人均碳排放水平（吨/人）	负向指标	
	X_{15}员工学习状况	定性	
X_2技术碳无形资产	X_{21}低碳技术 R&D 占销售收入的比重（％）	正向指标	米国芳（2012）；范徵（2000）；杜晓君等（2011）；潘文砚等（2012）；赖小东等（2012）；华锦阳（2011）；赵燕娜（2008）；世界钢动态公司（WSD）评价指标体系
	X_{22}水循环利用率（％）	正向指标	
	X_{23}固体废弃物综合利用率（％）	正向指标	
	X_{24}单位产品（吨钢）碳排放强度（$t \cdot t^{-1}$）	负向指标	
	X_{25}吨钢综合能耗（kgce/t）	负向指标	
	X_{26}高炉煤气利用率（％）	正向指标	
	X_{27}连铸比（％）	正向指标	

续表

一级指标	二级指标	指标类型	经典文献
X_3市场碳无形资产	X_{31}企业绿色营销投入增长率（%）	正向指标	庞晶等（2011）；赵道致等（2014）；范莉莉等（2016）
	X_{32}营销渠道低碳化水平	定性	
	X_{33}低碳消费偏好水平	定性	
	X_{34}低碳品牌知名度	定性	
X_4管理碳无形资产	X_{41}钢铁企业低碳管理制度的完备性	定性	朱利明（2013）；范徽（2000）；朱瑾等（2012）；刘萍等（2013）
	X_{42}企业碳盘查能力	定性	
	X_{43}低碳化 AD/AA 指数（%）	正向指标	
	X_{44}低碳化 IS/AD 指数（%）	正向指标	
	X_{45}管理执行力	定性	
X_5文化碳无形资产	X_{51}企业低碳文化建设投资增长率（%）	正向指标	陈列伟（2006）；杨华峰（2006）；独娟（2012）；徐建中（2011）；朱利明（2013）
	X_{52}员工低碳意识指数	定性	
	X_{53}低碳文化融合度	定性	
	X_{54}企业低碳文化聚合力	定性	
	X_{55}企业低碳文化先进性	定性	

（三）指标具体解释

1. 人力碳无形资产

在低碳经济背景下，走低碳之路成为企业的必然选择。低碳发展对企业原有的人力资源发展战略产生了重要的影响。人力资源是企业的第一资源，在低碳发展过程中，人力资源发挥着重要的作用，是企业技术创新、管理创新的原动力，为企业的发展提供了人才支持。人力资源是一个企业成长的根本，是企业创新、可持续发展的基础，在企业低碳化的进程中，人才是企业构建低碳竞争力的动力源泉，人力资源素质的重塑已经成为企业低碳竞争的根本点。

（1）低碳技术与管理人员占比

该指标值用企业低碳技术和管理人员数量总和除以企业全体员工总数，其值越高表明该企业低碳竞争力越强。$k = \dfrac{TN + MN}{SN} \times 100\%$，其中，$k$ 为低碳技术与管理人员占比；TN 为企业低碳技术人员数量；MN 为企业管理人员数量；SN 为企业全体员工总数。

（2）员工低碳化的投入占销售收入的比重

人力资源的低碳化主要有两个途径，一个是内部员工的低碳化，二是低碳人才的引进。员工低碳化需要强化员工思想和行为，即调整原有的经营与生产理念、提升员工低碳素质、改变人力资源结构，吸引创新型人才，对员工进行低碳培训。员工低碳化的投入占比 = 公司每年投入低碳项目的员工的招聘、低碳培训等费用/销售收入 ×100%。

（3）低碳专业资格占比

企业作为经济主体，要打造低碳经济管理体系，就必须培养低碳人才，实施低碳理念，营造低碳环境，执行低碳管理。一个企业获取低碳专业资格的数量，代表着企业人力资源的潜在低碳能力。员工可以通过学习、培训等获取相关的职业资格认证。低碳专业资格包括低碳生产工艺的资格证书、碳经纪人、CDM 顾问、碳财务顾问及碳资产管理师、碳资产审计师、碳资产金融师等。低碳专业资格占比 = 员工低碳专业认证数量/员工总人数 ×100%。

（4）人均碳排放水平

在一定时期内（通常指一年），钢铁企业碳排放总量与企业员工数量的比值。该指标表示企业在一定时期内员工的减排能力，即平均每人所实现的碳排放水平。人均碳排放水平 $= \dfrac{碳排放总量}{员工数量} =$

$\dfrac{产量 \times 吨钢碳排放因子}{员工数量} \times 100\%$ （单位：万吨/人）。吨钢碳排放因子反映生产一吨钢材所需要排放的温室气体的数量，即单位产品的碳排放强度（人均产量见附录 C 表 1）。

（5）员工学习状况

该指标反映企业员工自身的学习能力，企业只有根据时代背景或者市场需求变化做出敏锐的反应，才能获得和强化其竞争优势。在这个过程中，企业员工要不断发现、积聚和运用新的技术、新的管理经验。在发展低碳经济的大背景下，企业员工的学习能力是其提高、强化低碳竞争力的重要维度，它是低碳技术产生、制度创新、管理经验积累的源泉。企业员工学习状况可分为强、较强、一般、较弱、弱五个等级。

2. 技术碳无形资产

技术不仅可以提升企业的生产效率、降低成本，还可以引领能源利用方式的转变，提高能源的利用效率，低碳技术是企业获取低碳竞争力的主要手段。在实现经济发展的过程中，技术作为无形资产的一部分对企业发展目标的实现、低碳竞争力的提升起到推动作用，低碳技术将决定气候变化国际博弈的格局和走向。其技术水平评价指标释义如下。

（1）低碳技术 R&D 占销售收入的比重

该指标主要反映企业低碳技术发展力度的大小，同时可以看出企业低碳技术开发的能力以及对低碳技术开发的重视程度。只有拥有了足够的低碳科研活动经费，低碳技术的研发才能有保障。低碳技术 R&D 占比 $= \dfrac{低碳技术 R\&D 基金}{销售收入} \times 100\%$。

（2）水循环利用率

在钢铁的冶炼过程中，提高钢铁资源的循环利用率是节能减排的重要途径，水循环利用率是反映企业碳排放状况的重要指标。计算水循环利用率包含两个重要的衡量指标，即钢铁企业新补充的水量和冷却水的循环利用量，该指标以百分比计。其比值越高，说明碳排放量越少。水循环利用率 $= \dfrac{循环水利用量}{循环水利用量 + 补充水量} \times 100\%$。

（3）固体废弃物综合利用率

发展循环经济，提高固体废弃物综合利用率，能最大限度地减少污染物排放，实现清洁生产，也会促进碳减排。因为钢铁企业在进行生产的过程中会产生大量的固体废弃物，如果能变废为宝，将降低碳排放强度。该指标可以衡量工业企业废弃物的利用能力，其主要通过年度废弃物的综合利用量即往年的存量来衡量，其比值越大表明碳排放越少，反之，则碳排放量要增加。其计算公式为：固体废弃物综合利用率 $= \dfrac{固体废弃物综合利用量}{固体废弃物产生量 + 综合利用往年储存量} \times 100\%$。

（4）单位产品碳排放强度

钢铁行业是碳排放大户，生产每一吨钢铁耗费大量的能源，由于目前能源以化石能源为主，所以单位钢铁的碳排放数量是一重要的衡量指标。其计算公式为：单位产品碳排放强度 $= \dfrac{碳排放量}{1 \text{ 吨钢}}$（$t \cdot t^{-1}$）。

钢铁企业碳排放主要集中在焦化、烧结、炼铁三个典型工序，计算的过程非常复杂。当前，钢铁企业碳排放量主要是通过企业各种能源的消耗结合能源的碳排放因子进行计算或者通过折标准煤进行计算（各种能源折标准煤及碳排放参考系数见附录 C 表 2）。本书为了方便，通过吨钢综合能耗间接计算其数值。其计算公式如下：

吨钢碳排放量 = 综合能耗/吨钢 × 标准煤碳排放量（t）。依据陈诗一（2009）在《能源消耗、二氧化碳排放与中国工业的可持续发展》一文中提到的标准煤碳排量为 2.763 千克/千克标准煤进行计算（附录 C 表 3）。

（5）吨钢综合能耗

吨钢综合能耗是评价钢铁企业碳排放状况的重要指标，是指企业在报告期内平均每生产一吨钢所消耗的能源数量的指标，这个数量折合成标准煤量来对比。故吨钢综合能耗 = 千克标准煤/吨钢（kgce/t）。

（6）高炉煤气利用率

煤气利用率的提高是高炉操作技术进步的重要体现，它对降低能源消耗的作用非常明显，是降低燃料消耗、降低成本的主要手段之一。在钢铁生产的过程中，高炉煤气的利用状况，直接影响着企业的碳排放状况。

（7）连铸比

连铸是钢铁生产的核心技术，高效的连铸技术可以有力地推动企业节能降耗和劳动生产率的提高，对一个国家钢铁企业的低碳竞争力有着重要的影响。连铸比是指连铸合格坯产量占钢总产量的百分比，其计算公式：连铸比 = $\dfrac{连铸合格坯产量}{钢总产量} \times 100\%$。

3. 市场碳无形资产

（1）企业绿色营销投入增长率

低碳营销是在低碳背景下产生的营销观念，它宣传绿色文化、低碳文化，将减少碳排放、环境保护融入企业的经营指导思想中，改变了传统的消费观念，倡导以顾客的低碳消费为中心和出发点的营销观念、营销方式和营销策略。低碳营销战略体系是对发展低碳经济的最好回馈，未来低碳营销将成为一种主流的营销模式，市场营销竞争力在很大程度上决定着企业未来的发展。该指标的计算公式为：低碳

$$营销投入增长率 = \frac{第二年投入数量 - 第一年投入数量}{第一年投入数量} \times 100\%。$$

（2）营销渠道低碳化水平

低碳营销在全球发展低碳经济的背景下已成为一种新的营销趋势，企业营销渠道的低碳化对未来的营销的可持续起着重要的作用。因此，企业低碳化转型势在必行。企业营销渠道低碳化状况可分为好、较好、一般、较差、差五个等级。

（3）低碳消费偏好水平

随着市场经济的不断发展，人们的消费趋于多元化。"低碳消费"作为一种新的消费理念，不断被消费者认同和接受。低碳消费以降低单位产品和服务的碳排放强度为指导，推动企业采取相应的减排措施。顾客的低碳消费偏好与低碳产品需求对企业的低碳生产起到推动作用，在低碳产品、绿色产品成为时尚的背景下，这种需求对企业来讲形成了一种"驱动力"，此外，政府的低碳补贴政策等对企业减排碳无形资产的形成也起到重要的推动作用。低碳消费偏好可分为好、较好、一般、较差、差五个等级。

（4）低碳品牌知名度

品牌知名度是衡量某一品牌被公众知晓程度的指标，该部分公众主要是指潜在的顾客。随着低碳时代的到来，一些将低碳思维融入其经营理念的企业，会树立起低碳品牌。当低碳消费已经不仅是一种理念，而且成为实实在在的行动之时，构建低碳品牌将对企业的竞争力产生重要的影响。低碳品牌知名度可分为好、较好、一般、较差、差五个等级。

4. 管理碳无形资产

企业的管理水平对企业竞争力的提升发挥着重要的作用，在减

排活动中，对企业的管理主要从两个层面进行，一是组织层面的管理，即对各种组织采取必要措施，使得组织在整个运营全过程中减少碳排放（朱瑾等，2012）；二是产品层面的管理，即从原材料加工到产品生产、销售的整个过程的管理（陈列伟，2006）。在全球低碳背景下，低碳管理已不是时尚，而是未来经营管理的重要组成部分，企业提高管理水平，可以有效降低单位产品的碳强度，提升其低碳竞争力。

（1）企业低碳管理制度的完备性

企业低碳管理制度是指在低碳背景下所形成的低碳管理的依据和准则，包括节能减排细则、规章制度和行为规范和准则等。作为发展中国家，我国暂不承担强制减排的责任，这也在一定程度上使企业低碳管理制度不健全。根据企业碳盘查、节能减排行为规范、管理标准、操作程序等状况，可以将企业低碳管理制度的完备性分为好、较好、一般、较差、差五个等级。

（2）企业碳盘查能力

碳盘查能力是指企业计算其在生产活动中各环节直接或者间接排放的温室气体的能力，或者称作编制碳排放清单的能力。企业碳盘查是政府和企业自身了解其碳排放状况的重要手段，通过碳盘查，可以摸清楚企业当期的碳排放数量，进而计算出其碳指标的消耗情况，这为政府碳配额的分配和企业政策的制定提供了依据。本书将钢铁企业的碳盘查能力分为强、较强、一般、较弱、弱五个等级。

（3）低碳化 AD/AA 指数

低碳化 AD/AA 指数是指用于减排的行政管理花费占管理资产的比例，反映了企业低碳化的管理投入。其计算公式为：低碳化 AD/AA 指数 $= \dfrac{\text{减排的行政管理花费}}{\text{管理资产}} \times 100\%$。

（4）低碳化 IS/AD 指数

低碳化 IS/AD 指数是指用于减排的信息技术花费占行政管理花费的比例，反映了企业低碳化的信息技术管理投入力度。低碳信息技术包括有关信息的收集、识别、提取、变换、存储、处理、检索、检测、分析和利用等技术。其计算公式为：低碳化 IS/AD 指数 $= \dfrac{减排的信息技术花费}{行政管理花费} \times 100\%$。

（5）管理执行力

执行力是企业各类规章制度得以落实的重要保证，没有执行力，企业的低碳战略与低碳管理措施都难以发挥应有的作用。所谓管理执行力就是指企业所有员工对公司所制定的方针、政策等的贯彻、落实、执行的能力。作为发展中国家，我国企业在京都时期并没有承担强制减排的责任，致使我国钢铁企业低碳意识淡薄。随着我国承担责任的加重以及低碳意识的增强，钢铁企业承担的减排压力将会越来越大，企业低碳发展的战略、政策、方针，必须得到有效贯彻，企业的低碳竞争力才能得到提升。企业管理执行力可分为强、较强、一般、较弱、弱五个等级。

5. 文化碳无形资产

企业文化是企业在很长一段时间内形成的基本价值观、共同理想，以及员工的作风、生活习惯和行为规范等的总称，是企业在长期的发展中所形成的具有自身特色的精神财富总和，这种精神财富对企业员工有凝聚力和感召力（杨华峰，2006）。企业文化建设要与社会发展步调相一致，在低碳经济时代，企业低碳文化要融入整个企业文化（独娟，2012）。这不仅可以在企业内部形成节能减排的氛围，形成更多的碳无形资产，还可以树立良好的企业社会形象，构建一种有利的公共关系。具有良好低碳文化的企业能够把低碳管理、低碳战略、低碳组织与人等各种因素融合在一起，这种文化难以被学习但可以培养。把低碳文化融入企业运营的各个方面，增强企业低碳文化附加值，是提高企业低碳竞争力的重要措施。

（1）低碳文化建设投资增长率

低碳文化建设投资增长率指企业低碳文化建设的投资力度的大小，反映了企业对低碳文化建设的重视程度。只有拥有足够的低碳文化建设投资，才能在企业内部形成良好的节能减排氛围。其计算公式为：低碳文化建设投资增长率 $= \dfrac{\text{第二年投入数量} - \text{第一年投入数量}}{\text{第一年投入数量}} \times 100\%$。

（2）员工低碳意识指数

员工低碳意识是指员工树立低碳环保的价值观，在工作、生活过程中自觉履行环保责任、践行企业规章制度，树立节约、节能、减排以及碳预算的低碳意识，将自己融入低碳发展的过程中，以主人翁的姿态来面对减排事业。员工低碳意识指数可分为强、较强、一般、较弱、弱五个等级。

（3）低碳文化融合度

低碳文化融合度是指集团公司内各子公司（或者各部门）之间低碳文化融合的程度。文化建设要与时俱进，在低碳时代，要企业文化建设需要中融入低碳思维。在文化融合的过程中，要积极发现低碳文化与原有文化的冲突，及时修正企业经营管理的主要制度、流程与企业低碳文化体系不吻合、不匹配的问题。企业低碳文化融合度可分为高、较高、一般、较低、低五个等级。

（4）低碳文化聚合力

企业文化是企业的灵魂，是企业信奉并付诸实践的价值理念。在低碳背景下，低碳文化对企业具有影响力，使企业员工行为发生不同程度的变化，以低碳文化凝聚职工，进一步提高公司的管理水平和职工队伍素质，可以增强公司的向心力和凝聚力。低碳文化聚合力可分为强、较强、一般、较弱、弱五个等级。

（5）低碳文化先进性

低碳文化是企业个性的体现，企业低碳文化的先进性可以反映企业低碳管理措施的先进程度。低碳文化建设状况是企业在市场经济中运作的软实力，即竞争力的体现，反映出外部环境对本企业文化的认可度。低碳文化涉及企业的各个方面，从低碳技术创新到环境建设、从领导的低碳管理思维到员工的低碳素质等，低碳文化先进性可分为强、较强、一般、较弱、弱五个等级。

结合第三章的研究内容，本章分析了各类碳无形资产对企业低碳竞争力的不同影响。采用文献研究法，确定了评价的维度，并提出了构建企业低碳经济评价指标体系需要遵循以下原则：系统性与层次性相结合、动态性与稳定性相结合、全面性与代表性相结合、定性分析与定量计算相结合、科学性与可行性相结合。采用科学的方法对指标进行了初选、精选。通过文献研究法、专家咨询、理论推理法等方法，本章粗选了企业低碳竞争力的评价指标体系，继而采用 Delphi Technique 法对指标体系进行了优化，最终得到了较为科学合理的评价指标体系，该指标体系含有 5 个维度，26 个二级指标，且该指标体系具有一般性。针对钢铁企业低碳竞争力所具有的特征，本章提出了评价指标的构建思路、选取方法，进而构建出了钢铁企业低碳竞争力评价指标体系。最后，本章就相关指标给出了详细说明。

第六章
系统组合评价方法的构建

评价方法多种多样，根据不同的分类标准，其分类也有所不同。根据评价指标的数量，评价方法可以分为综合指标体系评价法和单项指标评价法。首先构建指标体系，再通过综合方法对竞争力进行评价，这种方法叫综合指标体系评价法。直接利用某一指标对企业竞争力做出评价，这种方法叫作单项指标评价法。一般来讲，企业竞争力的评价是一个复杂的系统，利用单项指标往往难以做出科学的评价，所以多数企业采用综合指标体系评价法。对企业进行竞争力评价的模型和方法多种多样，且很多方法已经比较成熟。国内很多学者提出了一些具有代表性的评价模型。例如有些学者提出用三维评价模型来评价核心竞争力（范莉莉等，2010）；有些学者采用模糊评价法、粗糙集法、数据包络分析法等对企业竞争力进行评价，其中采用数量经济学的方法对企业的竞争力进行评价较为常见。

通过文献研究发现，在目前所能检索到的四篇涉及企业低碳竞争力评价方面的文章中，有一篇是采用模糊评价法（朱利明，2013），一篇采用 BP 神经网络模型（高喜超，2014），一篇采用 TOPSIS 法（李荣生，2011）。从以往的文献来看，学者们多采用某种单一的评价方法对企业的低碳竞争力进行评价，但正如前文章节所提到的，采用单一的综合评价法有可能会出现利用几种方法所得结果不一致的现象，若评价样本大，这种不一致现象会更加明显，究竟哪一种评价方法更可信、更科学，这一问题很难得到解决。所以探寻一种能够权衡各种方法利弊的模型或者方法，使得各种方法优势互补，对企业低碳竞争力评价有非常重要的意义。

鉴于以上的分析，本书采用系统组合评价方法对"样本企业的低碳竞争力"这一目标进行评价，该方法在工程管理、智能电网多属性网络层次、绩效评价、质量分级等领域运用较多，对数据的分布、指标的多少均无严格要求，无须复杂的运算过程，易于操作，并且适用范围非常广（陈国宏等，2007；刘艳春，2007）。系统组合评价法将组合思想引入评价领域，进而产生新的评价思想和评价方法。组合思想的优点主要体现在以下三个方面：第一，通过多种评价方法的组合可以优势互补、取长补短；第二，从信息经济学角度来看，组合后可以获取更多的评价信息，从而弥补信息的不完备性，必须从全方位、多种角度加以研究，才能反映事物的本质和全貌；第三，还可以消除多种评价结果不一致的弊端，使得评价结果递归。

第一节　评价思路

本书对样本企业进行低碳竞争力评价，所选系统组合评价方法可以细分为综合评价和组合评价两大块。首先，选取不同种综合评价方法对评价对象（企业的低碳竞争力）分别进行评价，来看采用不同方法条件下，"样本企业的低碳竞争力"是否有区别，即采用几种综合评价法对评价对象进行分别评价，得出几组评价结果；检验结果是否可以通过一致性检验，即利用模糊聚类分析法或者 Kendall 协和系数法对各种综合评价结果进行检验，以确保得到相容的方法集。如果能通过检验，且标准差大于评价的标准（$\sigma > n$），则采用组合评价模型对综合评价方法所得结果进行组合评价，如果通过检验，且标准差小于等于评价的标准（$\sigma \leq n$），则评价结束，可以认为综合评价结果为企业最终的低碳竞争力排名；如果综合评价结果没有通过一致性检验，或者最初的方法集不相容，则需要对方法集进行取舍，直到具有相容性为止。其详细评价思路见图 6 - 1。

1. 收集数据

确定要评价的对象，选取样本企业，对样本企业各低碳竞争力指标数据进行收集。

2. 构建综合评价方法集 M

选择相应的综合评价方法构建综合评价方法集 M，这里的综合评价集主要指的是多指标综合评价方法的集合。每一种综合评价方法需要综合能够体现事物本质的多个单一指标，进而得出一个综合指标，以反映评价对象的整体情况。

3. 运用方法集 M 对评价对象进行评价

选取方法集 M 中各种综合评价方法对样本企业的低碳竞争力进行评价，进而得出相应的评价值和排名。

4. 求出评价向量的相关系数 r_k

通过对样本企业低碳竞争力进行综合评价，可以得到相应的评价值和排名，对排名向量进行相关性检验，查看各种评价结果是否一致。

5. 对方法集 M 中的方法进行取舍，确保方法集具有相容性

利用模糊聚类分析法或者 Kendall 协和系数法对各种综合评价结果进行一致性检验，假设第 k 种方法是 M 中的一种不相容方法，将

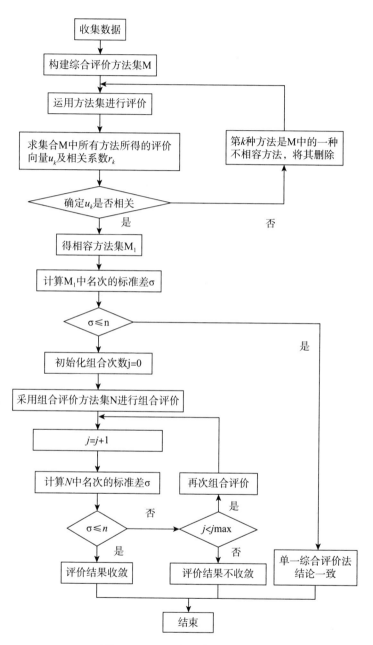

图 6 - 1　系统组合评价思路

其删除，进而确保方法集具有相容性。

6. 采用相容方法集 M_1 对评价对象进行综合评价

采用方法集 M_1 对样本企业的低碳竞争力进行综合评价，如果评价结果的标准差 $\sigma \leqslant n$（n 为给定的差异标准）则评价结束，可以认为多种单一综合评价所得结论一致；如果 $\sigma > n$，则进入组合评价。

7. 对综合评价结论进行组合评价

利用几种组合评价方法对相容方法集中的评价结果进行组合评价，进而得到相应的评价值和排列次序。

8. 一致性检验确定是否组合次数加 1，即是否进入下一次组合评价

通过计算第一次组合评价结果的标准差确定是否进入下一轮组合评价。在给定的差异标准 n 的情况下，如果 $\sigma \leqslant n$，则评价结果具有收敛性，评价结束；如果 $\sigma > n$，当评价次数 $j \leqslant j_{max}$ 时，则评价次数加 1，即 $j = j + 1$，再次进行组合评价；当 $j > j_{max}$ 时，确定组合评价不具有收敛性。

9. 检验收敛性

检验标准差 σ 是否小于给定的差异标准 n，如果 $\sigma \leqslant n$，则评价结果具有收敛性，评价结束，组合评价所得的结果作为样本企业的低碳竞争力排名的最终结果；如果 $\sigma > n$，当评价次数 $j \leqslant j_{max}$ 时，则重复以上组合评价；当 $j > j_{max}$ 时，确定组合评价不具有收敛性，评价完成。

第二节　综合评价方法及一致性检验

评价方法集（M）的构建对准确、客观的评价起到先导作用，故在企业低碳竞争力综合评价方法的选择上要充分考虑方法本身的

特征。如何确定权重是综合评价的重要问题，权重的确定一般是基于功能驱动、差异驱动原理的赋权。"功能驱动"原理的赋权法是根据指标之间的相对重要性来确定权重的大小，确定的方式可以分为主、客观两种，其中主观赋权法应用比较多。主观赋权法是专家直接对各指标的重要性进行比较以获取权重系数，该方法突出了主观色彩，整个权重的确定透明，权重系数具有保序性（郭亚军，2012）。本书采用基于"功能驱动"原理的指标偏好赋权法，对相关指标进行赋权。指标偏好型的方法包括特征值法、G1 法、集值迭代法等。因为特征值法的赋权要求判断矩阵具有一致性，而实际中判断矩阵往往达不到这个要求，因此结论也就很难是准确的，加之其计算量大等弊端，在实践中其运用往往较少。基于此，本书采用后两种方法，对企业低碳竞争力评价指标进行主观赋权。

为了使企业低碳竞争力评价结果更为全面、客观，本书选取两种客观的综合评价法对其进行评价。结合数据的特征，本书采用TOPSIS 法和熵值法对其进行综合评价。TOPSIS 法通过计算数据与"最优解"和"最差解"的接近程度，以确定评价对象相对优劣排序，在进行多目标决策的客观评价中常用，该方法克服了专家主观因素的影响，评价结果也更为客观（陈国宏等，2007）。熵值法是经常采用的方法，其权重的大小是根据各项观测值所提供的信息量来确定的，熵值法被认为是一种可以给出具有较高可信度的权重值的方法。

一　G1 法

G1 法权重的确定核心步骤可以分为三步：（1）寻找低碳领域的评价专家，由专家确定企业低碳竞争力各个评价指标的重要程度，其值可以参考表 6 - 1，并对其进行排序；（2）针对相邻两个指标

x_{k-1}和x_k，邀请相关专家给出相应的重要性赋值；（3）计算各指标权重学数w_k的值（郭亚军，2012；王学军等，2006）。

表 6 - 1　企业低碳竞争力评价指标重要程度比值参考表

r_k	说明
1.0	r_{k-1}与r_k两指标有着相同的重要性
1.2	r_{k-1}指标比r_k指标稍微重要
1.4	r_{k-1}指标比r_k指标明显重要
1.6	r_{k-1}指标比r_k指标强烈重要
1.8	r_{k-1}指标比r_k指标极端重要

1. 确定序关系

若企业低碳竞争力评价指标集x_1，x_2，$\cdots$，x_m相对于某一准则存在以下关系$x_1^* > x_2^* > \cdots > x_m^*$，则称各指标建立了序的关系，$x_i^*$表示指标集$\{x_i\}$按顺序关系排列的第$i$个指标。

2. 重要性程度

设专家给出企业低碳竞争力评价指标x_{k-1}与x_k的重要程度之比为

$$r_k = w_{k-1}/w_k \qquad (6-1)$$

式中$k = m$，$m - 1$，$\cdots$，2

重要程度比值r_k见表如表 6 - 1。

3. 计算权重系数

获取专家给出r_k的赋值后，则

$$w_m = \left(1 + \sum_{k=2}^{m} \prod_{i=k}^{m} r_i\right)^{-1} \qquad (6-2)$$

而$w_{k-1} = r_k w_k$，$k = 2$，3，$\cdots$，$m - 1$，m。

4. 评价模型

第 i 个企业的低碳竞争力综合评价得分为

$$Q_i = \sum_{j=1}^{n} p_{ij} w_j \tag{6-3}$$

式中 w_j 表示第 j 个指标的权重；p_{ij} 表示评价指标的规范化得分。

二　集值迭代法

设构建的企业低碳竞争力评价指标集为 $X = \{x_1, x_2, \cdots x_m\}$，选取 L（$L \geqslant 1$）位专家，分别让每一位专家对评价指标集 X 做出选择，找出他们认为最重要的 s（$1 \leqslant s < m$）个指标。则第 k 位专家选择的是一个指标集 X 的子集 $X^{(k)} = \{x_1^{(k)}, x_2^{(k)}, x_3^{(k)}, \cdots, x_s^{(k)}\}$，（$1 \leqslant k \leqslant L$）（郭亚军，2012）。

设函数：

$$u_k(x_j) = \begin{cases} 1, x_j \in X^{(k)} \\ 0, x_j \notin X^{(k)} \end{cases} \tag{6-4}$$

记：

$$g(x_j) = \sum_{k=1}^{L} u_k(x_j) \tag{6-5}$$

式中 $j = 1, 2, \cdots, m$。

将 $g(x_j)$ 归一化后，即将比值 $g(x_j) / \sum_{k=1}^{m} g(x_k)$，$j = 1, 2, \cdots, m$ 作为指标 x_j 所对应的权重系数 w_j，即：

$$w_j = g(x_j) / \sum_{k=1}^{m} g(x_k) \tag{6-6}$$

式中 $j = 1, 2, \cdots, m$。

为让结果更具一般性，取一正整数 g_k（$1 \leqslant g_k < m$）为初始值，让每一位专家按照下述步骤选择指标，其具体做法如下。

1. 选取他认为指标集 X 所含的最重要的 g_k 个指标，得子集 $X_{1,k} = \{x_{1,k,1}, \ x_{1,k,2}, \ \cdots, \ x_{1,k,g_k}\}$；

2. 选取他认为指标集 X 所含的最重要的 $2g_k$ 个指标，得子集 $X_{2,k} = \{x_{2,k,1}, \ x_{2,k,2}, \ \cdots, \ x_{2,k,2g_k}\}$；

3. 选取他认为指标集 X 所含的最重要的 $3g_k$ 个指标，得子集 $X_{3,k} = \{x_{3,k,1}, \ x_{3,k,2}, \ \cdots, \ x_{3,k,3g_k}\}$；

$$\cdots$$

4. 选取他认为指标集 X 所含的最重要的 $s_k g_k$ 个指标，得子集 $X_{s_k,k} = \{x_{s_k,k,1}, \ x_{s_k,k,2}, \ \cdots, \ x_{s_k,k,s_k g_k}\}$。

若 r_k 满足 $s_k g_k + r_k = m$（$0 \leqslant r_k < g_k$），则邀请第 k（$1 \leqslant k \leqslant L$）个专家从指标体系中勾画出他认为最为重要的选项，最终可以获取 s_k 指标集合。

某一指标其抽取次数的计算函数为：

$$g(x_j) \ = \ \sum_{k=1}^{L} \sum_{i=1}^{s_k} u_{ik}(x_j) \tag{6-7}$$

式中 $j = 1, \ 2, \ \cdots, \ m$，$u_{ik}(x_j) = \begin{cases} 1, & x_j \in X_{i,k} \\ 0, & x_j \notin X_{i,k} \end{cases}$，$i = 1, \ 2, \ \cdots,$ s_k；$k = 1, \ 2, \ \cdots, \ L$。

将 $g(x_j)$ 归一化后，即将比值 $g(x_j) / \sum_{k=1}^{m} g(x_k)$，$j = 1,$ $2, \ \cdots, \ m$ 为指标 x_j 所对应的权重 w_j，即：

$$w_j \ = \ g(x_j) / \sum_{k=1}^{m} g(x_k) \tag{6-8}$$

式中 $j = 1, \ 2, \ \cdots, \ m$。

考虑某一指标一直未被选中，则权重系数应做如下调整：

$$w_j = \frac{g(x_j) + \dfrac{1}{2m}}{\displaystyle\sum_{k=1}^{m}\left[g(x_k) + \dfrac{1}{2m}\right]} \tag{6-9}$$

式中 $j = 1, 2, \cdots, m$。

第 i 个企业的低碳竞争力综合评价得分为：

$$Q_i = \sum_{j=1}^{n} p_{ij} w_j \tag{6-10}$$

式中 w_j 表示第 j 个指标的权重；p_{ij} 表示评价指标的规范化得分。

三 TOPSIS 法

TOPSIS 法通过计算数据与"最优解"和"最差解"的接近程度，来确定企业低碳竞争力的相对优劣排序，该种方法在多目标决策中常用（刘艳春，2014）。

第 1 步：构造决策矩阵 A，并将其规范化，

令

$$y_{ij} = \frac{x_{ij}}{\sqrt{\displaystyle\sum_{i=1}^{12} x_{ij}^2}} \tag{6-11}$$

式中 $i = 1, 2, 3, \cdots, 12$，$j = 1, 2, 3, \cdots, 26$。

则企业低碳竞争力评价指标的标准化矩阵为 $Y = (y_1, y_2, \cdots, y_{26}) = \{y_{ij}\}_{mn}$。

第 2 步：确定理想点样本和最差样本

$$Y^+ = (y_1^+, y_2^+, \cdots, y_{26}^+)^T \tag{6-12}$$

$$Y^- = (y_1^-, y_2^-, \cdots, y_{26}^-)^T \qquad (6-13)$$

第 3 步：计算距离，求出各样本企业该指标值到理想点的距离

$$d_i^+ = \sqrt{\sum_{j=1}^{26} (y_{ij} - y_j^+)^2} \qquad (6-14)$$

$$d^- = \sqrt{\sum_{j=1}^{26} (y_{ij} - y_j^-)^2} \qquad (6-15)$$

式中 $i = 1, 2, 3, \cdots, 12$。

第 4 步：计算各个方案到理想点的相对接近度

$$L_i = \frac{d_i^-}{d_i^+ + d_i^-} \qquad (6-16)$$

式中 $i = 1, 2, 3, \cdots, 12$。

第 5 步：优劣排序。

显然，$L_i \in [0, 1]$，对"最优点"而言，$L_i = 1$，对"最差点"而言，$L_i = 0$。

四 熵值法

对于多对象、多指标体系的综合评价，熵值法是经常采用的方法，其权重根据各项观测值所提供的信息量来确定，只要获取完整的样本数据，熵值法便被认为可以给出具有较高可信度的权重值（鲍新中等，2009）。

在本书中，设有 m 个企业低碳竞争力评价指标，n 个企业，构成初始矩阵。x_{ij} 为第 i 个评价对象所对应的第 j 个指标的数值，其中，$i = 1, 2, 3, \cdots, n$；$j = 1, 2, 3, \cdots, m$。熵值法评价过程可以分为以下几步。

1. 数据的标准化

本书的企业低碳竞争力评价指标主要分为正向和负向两种类型，假设 x_j^* 为指标 i 最优值。正向指标，其值越大越好，即 x_j^* 越接近最大值越好，标记为 $x_{j_{max}}^*$；而对于负向指标，x_i^* 越小越好，标记为 $x_{j_{min}}^*$。定义 x_{ij}' 为 x_{ij} 对于 x_j^* 的接近程度。

正向指标：

$$x_{ij}' = \frac{x_{ij}}{x_{j_{max}}^*} \quad\quad (6-17)$$

负向指标：

$$x_{ij}' = \frac{x_{j_{min}}^*}{x_{ij}} \quad\quad (6-18)$$

标准化值：

$$P_{ij} = \frac{x_{ij}'}{\sum_{i=1}^{n} x_{ij}'} \quad\quad (6-19)$$

式中，$i=1$，2，$\cdots n$；$j=1$，2，$\cdots$，m。

最终，得到企业低碳竞争力评价指标标准化后的矩阵 $Y = \{y_{ij}\}_{n \times m}$。

2. 评价指标 j 的信息熵值 $H(x_j)$

信息熵值：

$$H(x_j) = -k \sum_{i=1}^{n} P_{ij} \ln P_{ij} \quad\quad (6-20)$$

式中 $i=1$，2，$\cdots n$；$j=1$，2，$\cdots$，m。

信息熵值 $0 \leqslant H(x_j) \leqslant 1$，其中，$k$ 为调节系数，$k = 1/\ln n$，m 为样本数量，z_{ij} 为第 i 个评价企业第 j 个评价指标标准化值。指标值

差异越大，熵值就越小，对评价对象的作用就越明显。

3. 信息效用值

定义 d_j 为第 j 项指标的信息效用价值，则有：

$$d_j = 1 - H(x_j) \qquad (6-21)$$

式中 $j = 1, 2, \cdots, m$；$0 \leqslant d_j \leqslant 1$；$\sum_{j=1}^{m} d_j = 1$。

4. 指标权重

得到企业低碳竞争力评价指标的权重值：

$$w_j = \frac{d_j}{\sum_{j=1}^{m} d_j} \qquad (6-22)$$

式中，$1 \leqslant j \leqslant n$。

5. 综合评价指数

样本企业低碳竞争力的综合评价值为：

$$G_i = \sum_{i=1}^{m} w_i y_{ij} \qquad (6-23)$$

式中 $i = 1, 2, \cdots, n$；$j = 1, 2, \cdots, m$。

G_i 取值为 [0, 1] 之间，其值越大，表明所评价企业的低碳竞争力综合评价值越高，其竞争力越强。

五 事前一致的 Kendall 方法

本书采用 Kendall 协和系数方法对样本企业低碳竞争力综合评价结果进行一致性检验。假设用 m 种评价方法对 n 个不同企业的低碳竞争力进行评价。k_{ij} 表示第 i 个企业第 j 种方法的排名，$1 \leqslant k_{ij} \leqslant n$；$i = 1, 2, \cdots n$；$j = 1, 2, \cdots m$。Kendall 协和系数检验

通过协和系数 w 来描述样本数据中的排名的分歧程度。其步骤如下。

1. 提出假设：H_0：不同方法所得结果不具有一致性；H_1：不同方法所得结果具有一致性；

2. 构造统计函数：

$$\chi^2(n-1) = m(n-1)W \qquad (6-24)$$

式中，$w = \dfrac{12\sum\limits_{i=1}^{n} p_i^2}{m^2 n(n^2-1)} - \dfrac{3(n+1)}{n-1}$，$p_i = \sum\limits_{j=1}^{m} p_{ij}$。

3. 一致性检验服从 $\chi^2(n-1)$ 分布，其显著性水平 $\alpha = 0.05$，查表可以得到 $\chi^2_{\alpha/2}(n-1)$ 值。当 $\chi^2 > \chi^2_{\alpha/2}(n-1)$ 时，拒绝 H_0，接受 H_1，即认为各种评价方法在显著性水平上具有一致性。

协和系数 w 主要用途是检验评价所得的序列是否具有一致性，找出其评价的差异大小。其目的是确保排序的一致性，为数列进入下一个程序提供一致性保障，否则后边的组合评价将没有意义。

第三节　组合评价方法及一致性检验

前文采用主观和客观的评价方法对样本企业低碳竞争力做出了评价，可以得到四组排序结果，因为不同方法的侧重点不同，自身也存在一定的不足，故这四组结果可能存在一定差异。如果差异较大，就难以让人信服。基于此，为了取长补短，兼顾各种综合评价方法的优点，本书采用系统组合评价法对前文所得的结果再次进行评价。组合评价法被认为是一种更为科学、更为合理的评价方法，因为其兼顾了多种方法，且每一种方法可以互补（迟国泰等，2009；李浩鑫等，2014）。基于此，本书采用组合评价方法对企业低碳竞争力的综合评价结果进行再次组合评价，即采用 Board、Copeland、平均值、模糊 Borda 四种组合方法对综合评价结果进行比较和分析。

一　Board 法

Board 法是一种少数服从多数的方法。在综合评价所得的各种结果中，如果评价者认为 x_i 要好于 x_j 的人数大于认为 x_j 要好于 x_i 的人数，可以表示为 $x_i S x_j$。定义 Board 矩阵为：

$$B = \{b_{ij}\}_{n \times n} \tag{6-25}$$

$$b_{ij} = \begin{cases} 1, x_i S x_j \\ 0, 其他 \end{cases} \tag{6-26}$$

通过计算可以得到企业 x_i 的低碳竞争力得分总和为：

$$b_i = \sum_{j=1}^{n} b_{ij} \tag{6-27}$$

按照得分多少重新排序，如两者得分相同，则需要比较方差的大小，小者排名靠前。Board 法通过各个企业的 b_i 得分将其低碳竞争力的综合评价结果加以组合，所得到的评价结果将更为科学、合理。

二　Copeland 法

Copeland 法本质上也是一种少数服从多数的方法，只是更加详细区分不同的层级，即将评价对象间的对比分为"优""相等""劣"三个层级。Copeland 法在计算"优"的次数的同时，还计算了"劣"的次数。Copeland 矩阵可以表示为：

$$C = \{c_{ij}\}_{n \times n} \qquad (6-28)$$

式中，$c_{ij} = \begin{cases} 1, & x_i S x_j \\ 0, & \text{其他} \\ -1, & x_j S x_i \end{cases}$

在本书中，企业 x_i 的低碳竞争力得分总和为：

$$c_i = \sum_{j=1}^{n} c_{ij} \qquad (6-29)$$

按照得分多少重新排序，如两者得分相同，比较方差，小者排名靠前。Copeland 法通过各个企业的 c_i 得分将其低碳竞争力的综合评价结果加以组合，所得到的评价结论克服了因单一综合评价方法侧重点不同而引起的评价偏差。

三　平均值法

将每种单一方法排序的名次转换成分数，加以对比，进行排列。其分数为：

$$R_{ij} = n - r_{ij} + 1 \qquad (6-30)$$

式中 r_{ij}：$i = 1, 2, \cdots, n$；$j = 1, 2, \cdots, m$。

在本书中，第 i 个企业的低碳竞争力组合评价值为：

$$\bar{R}_i = \frac{1}{m} \sum_{j=1}^{m} R_{ij} \qquad (6-31)$$

按均值方法的得分大小对评价进行重新排名，数值大的排名靠前，若有两个指标的得分 $R_i = R_j$，则通过比较标准差 $\sigma_i = \sqrt{\frac{1}{m} \sum_{j=1}^{m} (R_{ij} - \bar{R}_i)}$，$i = 1, 2, \cdots, n$。确定指标排序，如两者得分相同，$\sigma_i$ 小则排名靠前。平均值法通过 $\overline{R}_i$ 得分将各个企业的低碳竞争力综合评价结果加以组合，兼顾了各种方法的优点。

四　模糊 Borda 法

模糊 Borda 法是一种通过计算隶属度、模糊频率，将排序转化为模糊 Borda 数得分来计算最终排序的方法。模糊 Borda 法是一种兼顾得分和排序的方法。其运算可以分为以下三步。

1. 隶属度的计算

$$w_{kt} = \frac{R_{kt} - \min\limits_{k}\{R_{kt}\}}{\max\limits_{k}\{R_{kt}\} - \min\limits_{k}\{R_{kt}\}} \times 0.9 + 0.1 \qquad (6-32)$$

式中 $i = 1, 2, \cdots, n$；$j = 1, 2, \cdots, m$。

R_{kt} 为第 k 个评价企业在第 t 种方法下的企业低碳竞争力得分；w_{kt} 就是本书要求的隶属度，表示企业 k 面对方法 t 得到最优值的隶属度。

2. 模糊概率的计算

$$p_{qk} = \sum_{t=1}^{m} \theta_{kq} w_{kt} \qquad (6-33)$$

$$F_k = \sum_{h} p_{qk} \qquad (6-34)$$

$$w_{kt} = \begin{cases} 1, \text{企业 } k \text{ 排在第 } t \text{ 位} \\ 0, \text{其他} \end{cases} \qquad (6-35)$$

模糊概率的计算公式为：

$$f_{qk} = p_{qk}/F_k \qquad (6-36)$$

本书之所以要计算 f_{qk} 是为了突出个评价企业所得分数的差异性。

3. 模糊 Borda 得分

$$Q_k = \frac{1}{2}(n-k)(n-k+1) \qquad (6-37)$$

$$B_k = \sum f_{kq} Q_k \qquad (6-38)$$

Q_k 表示企业低碳竞争力原始排名的序列所转化的分数。最后，按得分 B_k 大小重新进行排序，如两者得分相同，比较方差，小者排名靠前（苏为华等，2007）。模糊 Borda 法通过模糊 Borda 数得分来组合综合评价结果，使企业低碳竞争力评价结果更为科学、合理，弥补了综合评价中信息不完备性的问题。

五 事后一致的 Spearman 方法

对评价对象采用不同的评价方法进行评价，其结果可能存在一定的差距，但这种差距不会浮动太大，也就是结果应该具有一定的相关性。

假设我们采用 m 种方法对 n 种企业低碳竞争力综合评价结果进行评价，用 z_{ij} 表示企业 i 在方法 j 下的排名，其等级相关系数：

$$\rho_{jk} = 1 - \frac{6\sum_{i=1}^{n}(z_{ik}-z_{ij})^2}{n(n^2-1)} \qquad (6-39)$$

式中 $z_{ik} - z_{ij}$ 为两种排序的等级差，$i = 1, 2, \cdots, n$；$j = 1, 2, \cdots m$。

Spearman 一致性检验是为了检验各种组合评价结果的相互关系，使得各种评价结果不会相差太大。如果结果通过了 Spearman 一致性检验，则说明各种组合评价方法所得结果具有一致性。为了使计算更加简便，本书直接将所得结果代入软件 SPSS21.0，查看数据是否可以通过 Spearman 一致性检验。

第四节　系统组合评价方法运算步骤

第 1 步，利用单一的综合评价方法对样本企业的低碳竞争力分别进行评价。本书采用 G1 法、集值迭代法、TOPSIS 法、熵值法四种方法构成方法集 M，分别对企业的低碳竞争力进行评价，得出四组结果。

第 2 步，将利用企业的低碳竞争力综合评价方法所得到的四组数列代入 SPSS21.0，查看是否能通过 Kendall 一致性检验，如果能顺利通过检验，则说明这几种综合评价方法具有一致性，进入组合评价；若这些方法不具有一致性，则重新回到第 1 步，选取其他方法。

第 3 步，将进行企业低碳竞争力综合评价所得到的四组数据代入组合评价，通过运算，可以得到四组评价数据。

第 4 步，将通过组合评价所得到的四组数据代入 SPSS21.0，查看是否可以通过 Spearman 一致性检验。如果四组数据通过检验，则称这几种评价方法具有一致性；若这些方法不具有一致性，则将所得的四组评价数列重新代回组合评价（即回到第 3 步），再次进行组合评价，直至通过 Spearman 一致性检验。通过标准差的大小来确定是否停止运行，因为不同评价其要求的精确程度不同，故而标准差的确定值也不同，本书要求标准差小于 0.5。具体步骤见图 6 - 2。

企业低碳竞争力的评价方法主要有主、客观两大类。主观评价法是基于专家主观知识的评价方法，主观赋权中权重的设定含有人为的主观因素，一般邀请相关专家、学者根据经验给予权重。该种方法比较成熟，比如德尔菲法、层次分析法、连环比率法等。虽然充分吸收了相关专家的丰富经验，但有时候随意性较强，难免发生

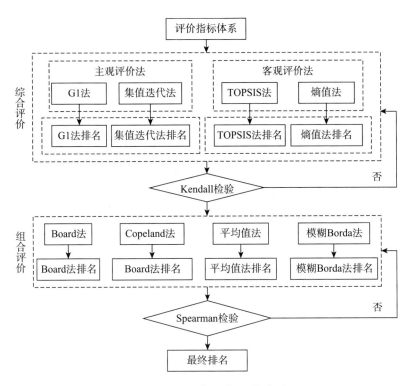

图 6 - 2　系统组合评价方法

错误。客观评价法是从客观的数据出发，来确定评价指标的权重，进而对企业进行综合评价的一种方法。该种方法主要包括变异系数法、复相关系数法、熵值法、因子分析法等，这些方法都是根据收集到的指标数据的变异程度以及相关性来确定指标的权重，即信息量权重。尽管客观评价法具有客观赋权的特性，但随着样本量的变化权重会有所变化，致使权重不稳定。

鉴于以上两类方法各有利弊，为了避免采用单一方法所产生的弊端，本书拟采用四种综合评价方法构成一个方法集，并对样本企业低碳竞争力进行评价，即采用 G1 法、集值迭代法两种主观方法及 TOPSIS 法、熵值法两种客观方法分别进行综合评价。最终，得到四组评价结果，这四组评价结果可能差距较大，故对其作 Kendall 检验，以确保方案集的相容性，如果通不过则回到综合评价中，需要对原先的方法集进行优化，使其相容。如果四组结果具有一致性，即方法集相容，则将四组数列代入组合评价模型，最终得到几种组合评价结果。检验组合评价结果是否通过 Spearman 一致性检验，如果通不过则重新进行组合评价，直到最后通过检验。

第七章
减排碳无形资产视角下钢铁
企业低碳竞争力评价

当前，钢铁行业面临较大的转型压力，加之各种不确定性因素的影响，很多企业利润微薄，并成为一种常态，例如 2014 年山东钢铁、八一钢铁等出现了严重亏损，这使企业家们意识到未来钢铁行业竞争强度将非常大。在这种背景下，研究我国钢铁企业的低碳竞争力有重要的意义，使企业找准定位，发现与其他企业的差距，并采取具有针对性的措施是企业所面对的现实问题。目前，我国钢铁企业迫切需要改变现状，提升企业的低碳竞争力，以适应未来的发展（Jin 等，2009）。因此，非常有必要研究一套对钢铁企业低碳竞争力进行评价的方法和指标评价体系。本章将利用第五章所构建的指标体系和第六章所提出的系统评价方法，结合我国钢铁企业实际情况进行实证研究。

第一节 评价样本及数据来源

评价样本的选取要考虑多方面因素，以便更好地进行对比。本书对样本企业的选取主要考虑以下几个方面因素：粗钢产量规模在500万吨以上；近三年钢铁产销量及市场占有率稳定且位于行业前列；所选样本企业均为上市公司，便于数据的收集。根据以上原则笔者对部分钢铁企业进行实地调研，最后选取武钢、马钢、鞍钢等12家上市钢铁企业为研究样本进行了实证研究。

企业竞争力评价结果是否准确、客观，其使用的数据起着决定性作用。其数据是否真实可靠直接影响着评价的质量，而能否获取真实可靠的数据关键在于获取数据的途径是否正确，获取的方式是否可靠。笔者采用了多种途径，将利用不同方式获取的数据进行了对比，最终确定了评价所需数据。数据主要来源于以下途径。

1. 公司年报和相关机构官网

该部分数据主要包括财务类、治理结构类数据，例如研发人员数量、相关领域投入状况、专利数、低碳技术水平等。为了便于数据的收集和指标数据的横向对比，本书所收集数据主要集中在2012～2014年三个年度，因为这三个年度钢铁业步入了低迷时期，这对其低碳转型提出了新的要求，其数据更能反映出企业的低碳状况。笔者通过网络检索到企业2012～2014年三年的年报，对收集到的数据进行均值处理；通过对企业官方网站的访问查看企业的统计数据。此外，部分数据可以到互联网相关网站上寻找，例如中国钢铁工业协会网、国家知识产权局官网、中国钢铁技术网、中国钢铁产业网等。

2. 统计年鉴及相关报告

部分数据来源于企业的统计年鉴及相关书籍。例如各个企业的统计年鉴、《中国钢铁统计》（2013～2015）、《钢铁产业发展政策指南》等。部分数据来源于一些调查报告，例如《钢铁企业调研报告》（广西星宇智能电气有限公司，2014）、《中国钢铁行业研究报告》（2012～2014）等。

3. 调查及专家咨询

部分数据来源于实地、网络调查，例如低碳专业资格人员占比、员工学习状况、企业碳盘查能力、管理执行力、企业低碳管理制度的完备性等。笔者通过企业咨询和网络咨询两种途径，进行了大量访谈和调查，咨询了相关专家，收集了一部分数据。笔者发现个别指标存在从不同途径获取的数据不一样的情况，最终以上市公司年报和统计年鉴为准。部分定性指标数据来源于相关专家的咨询，为了充分参考该领域相关专家的意见，本书邀请专家对企业定性指标进行了打分。将所获得的数据进行整理，最终运用到企业低碳竞争力的评价中。

4. 计算与专访

由于我国企业发展低碳经济起步较晚，指标中的部分数据难以找到现成的，需要通过相关数据计算得到，例如低碳技术研发人员的比例、营销渠道低碳化水平、低碳化 AD/AA 及 IS/AD 指数等。此外，定性指标较多，这部分数据主要通过对相关专家的咨询，获取量化值。

通过以上途径，并对相关资料进行整理，最终获取了 12 家钢铁企业相关数据，具体见表 7－1。

第二节　数据处理

因为所构建的指标体系中的每一个评价指标有不同的意义，所以各个指标存在量纲差异。量纲不同致使评价对象不具有可比性，会对准确评价产生较大的影响，因此需要对指标数据进行无量纲

表 7 - 1 12 家钢铁企业低碳竞争力所需数据

一级指标	二级指标	鞍钢股份	沙钢股份	武钢股份	首钢股份	宝钢股份	河北钢铁	华菱钢铁	太钢不锈	马钢股份	包钢股份	本钢板材	山东钢铁
X_1	X_{11}	2.16	2.87	3.12	3.08	3.11	2.14	0.70	1.60	0.90	1.30	0.81	2.10
	X_{12}	0.0390	0.0330	0.0420	0.0417	0.0480	0.0332	0.0143	0.0162	0.0172	0.0184	0.0100	0.0210
	X_{13}	175	186	195	207	215	87	23	38	54	13	86	117
	X_{14}	0.16237	1.13292	0.16380	0.23913	0.18922	0.158189	0.07482	0.06078	0.06802	0.16462	0.07578	0.11841
	X_{15}	0.82	0.74	0.78	0.74	0.86	0.78	0.54	0.62	0.58	0.66	0.54	0.62
X_2	X_{21}	0.44	0.32	0.43	0.42	0.49	0.32	0.15	0.32	0.17	0.19	0.22	0.27
	X_{22}	96.50	97.40	95.70	96.13	97.89	97.00	94.00	96.77	96.50	95.03	97.30	96.00
	X_{23}	98.15	97.89	98.50	98.79	98.78	97.75	98.03	97.32	99.48	94.18	97.05	98.71
	X_{24}	1.6155	1.6025	1.6191	1.6827	1.6155	1.5695	1.6025	1.6229	1.4920	1.6025	1.8561	1.6490
	X_{25}	584.70	580.00	586.00	609.00	584.70	568.05	580.00	587.40	540.00	580.00	671.80	596.84
	X_{26}	50.01	46.68	49.00	50.03	50.07	48.65	65.00	50.00	44.00	48.20	48.50	46.73
	X_{27}	99.50	99.76	99.81	99.71	99.84	99.72	99.45	99.03	99.80	99.01	99.02	99.07
X_3	X_{31}	9.8	8.0	11.2	12.0	10.0	4.3	4.2	6.7	5.0	4.8	4.6	5.7
	X_{32}	0.70	0.74	0.78	0.78	0.82	0.78	0.70	0.66	0.58	0.54	0.62	0.66
	X_{33}	0.78	0.74	0.86	0.82	0.90	0.78	0.66	0.78	0.74	0.62	0.58	0.66
	X_{34}	0.54	0.46	0.42	0.38	0.50	0.30	0.34	0.58	0.38	0.42	0.38	0.46

续表

一级指标	二级指标	鞍钢股份	沙钢股份	武钢股份	首钢股份	宝钢股份	河北钢铁	华菱钢铁	太钢不锈	马钢股份	包钢股份	本钢板材	山东钢铁
X_4	X_{41}	0.46	0.46	0.50	0.62	0.66	0.38	0.26	0.42	0.30	0.22	0.18	0.38
	X_{42}	0.66	0.62	0.64	0.66	0.74	0.58	0.46	0.62	0.42	0.38	0.30	0.38
	X_{43}	6.70	7.52	8.20	7.83	9.00	5.40	3.50	6.80	3.91	4.50	3.70	4.80
	X_{44}	18.60	17.57	18.56	23.60	25.70	21.50	16.50	20.50	17.80	19.20	15.70	18.50
	X_{45}	0.62	0.50	0.62	0.38	0.50	0.58	0.22	0.34	0.34	0.26	0.34	0.30
X_5	X_{51}	21	25	32	27	35	24	15	22	18	20	15	18
	X_{52}	0.46	0.50	0.62	0.46	0.66	0.26	0.14	0.42	0.38	0.22	0.34	0.54
	X_{53}	0.54	0.46	0.66	0.58	0.62	0.54	0.46	0.54	0.50	0.42	0.46	0.50
	X_{54}	0.58	0.50	0.54	0.58	0.66	0.58	0.46	0.62	0.46	0.50	0.46	0.54
	X_{55}	0.38	0.30	0.58	0.50	0.82	0.42	0.46	0.36	0.34	0.26	0.36	0.38

化处理。本书定量指标较多，且不存在折线或者曲线型指标，故采用直线型无量纲处理方法。无量纲化处理主要采用阈值法，该种方法在综合评价中运用较多，被认为是相对科学的数据处理方法，只要确定合适的阈值参数，就可以保证评价值对指标变化反映的灵敏度和区分效度，从而保证综合评价结果的科学性和准确性。其处理可分为两种情况：（1）正向指标处理。正向指标指数值越大表明越有助于低碳竞争力的提升，具体公式为 $y_i = \dfrac{x_i - x_{\min}}{x_{\max} - x_{\min}}$；（2）负向指标处理。负向指标指数值越小表明越有助于低碳竞争力的提升，计算公式为 $y_i = \dfrac{x_{\max} - x_i}{x_{\max} - x_{\min}}$。

在对定性指标的量化过程中，等级论域可以划分为 $V = \{V_1$（优秀）；V_2（良好）；V_3（一般）；V_4（较差）；V_5（差）$\}$。其中，$N_1 + N_2 + N_3 + N_4 + N_5 = N$，$N$ 为被调查的人数。定性指标的隶属度向量为：$r_i = (N_1/N,\ N_2/N,\ N_3/N,\ N_4/N,\ N_5/N)$，其统计结果如表 7-2 所示。设 $B = (B_1,\ B_2,\ B_3,\ B_4,\ B_5) = (0.9,\ 0.7,\ 0.5,\ 0.3,\ 0.1)$，$B_i$ 为第 i 级评价的相对尺度，通过计算 $r_i \times B^T$ 就可以将模糊变量的隶属度向量转化为 $[0, 1]$ 的量化值，这样就将定性指标定量化了。选取五名有丰富评价经验的低碳领域的专家对企业定性指标进行打分，其定性指标得分如表 7-1 所示。采用 SPSS21.0 对原始数据进行标准化处理，其具体数值见表 7-3。

表 7-2　定性指标模糊统计结果

等级	V_1	V_2	V_3	V_4	V_5
属于该等级的人数	N_1	N_2	N_3	N_4	N_5
隶属度	N_1/N	N_2/N	N_3/N	N_4/N	N_5/N

表 7-3 12家钢铁企业无量纲化数据

一级指标	二级指标	鞍钢股份	沙钢股份	武钢股份	首钢股份	宝钢股份	河北钢铁	华菱钢铁	太钢不锈	马钢股份	包钢股份	本钢板材	山东钢铁
X_1	X_{11}	0.6033	0.8967	1	0.9835	0.9959	0.595	0	0.3719	0.0826	0.2479	0.0455	0.5785
	X_{12}	0.7632	0.6053	0.8421	0.8342	1.0000	0.6105	0.1132	0.1632	0.1895	0.2211	0.0000	0.2895
	X_{13}	0.802	0.8564	0.901	0.9604	1	0.3663	0.0495	0.1238	0.203	0	0.3614	0.5149
	X_{14}	0.90525	0	0.90391	0.83365	0.8802	0.90915	0.9869	1	0.99325	0.90315	0.98601	0.94625
	X_{15}	0.875	0.625	0.75	0.625	1	0.75	0	0.25	0.125	0.375	0	0.25
X_2	X_{21}	0.8529	0.5	0.8235	0.7941	1	0.5	0	0.5	0.0588	0.1176	0.2059	0.3529
	X_{22}	0.6427	0.874	0.437	0.5476	1	0.7712	0	0.7121	0.6427	0.2648	0.8483	0.5141
	X_{23}	0.7491	0.7	0.8151	0.8698	0.8679	0.6736	0.7264	0.5925	1	0	0.5415	0.8547
	X_{24}	0.6608	0.6965	0.6509	0.4762	0.6608	0.7871	0.6965	0.6405	1	0.6965	0	0.5688
	X_{25}	0.6608	0.6965	0.651	0.4765	0.6608	0.7872	0.6965	0.6404	1	0.6965	0	0.5687
	X_{26}	0.2862	0.1276	0.2381	0.2871	0.289	0.2214	1	0.2857	0	0.2	0.2143	0.13
	X_{27}	0.6125	0.9375	1	0.875	1.0375	0.8875	0.55	0.025	0.9875	0	0.0125	0.075
X_3	X_{31}	0.7179	0.4872	0.8974	1	0.7436	0.0128	0	0.3205	0.1026	0.0769	0.0513	0.1923
	X_{32}	0.5714	0.7143	0.8571	0.8571	1	0.8571	0.5714	0.4286	0.1429	0	0.2857	0.4286
	X_{33}	0.625	0.5	0.875	0.75	1	0.625	0.25	0.625	0.5	0.125	0	0.25
	X_{34}	0.8571	0.5714	0.4286	0.2857	0.7143	0	0.1429	1	0.2857	0.4286	0.2857	0.5714

续表

一级指标	二级指标	鞍钢股份	沙钢股份	武钢股份	首钢股份	宝钢股份	河北钢铁	华菱钢铁	太钢不锈	马钢股份	包钢股份	本钢板材	山东钢铁
X_4	X_{41}	0.5833	0.5833	0.6667	0.9167	1	0.4167	0.1667	0.5	0.25	0.0833	0	0.4167
	X_{42}	0.8182	0.7273	0.7727	0.8182	1	0.6364	0.3636	0.7273	0.2727	0.1818	0	0.1818
	X_{43}	0.5818	0.7309	0.8545	0.7873	1	0.3455	0	0.6	0.0745	0.1818	0.0364	0.2364
	X_{44}	0.29	0.187	0.286	0.79	1	0.58	0.08	0.48	0.21	0.35	0	0.28
	X_{45}	1.0000	0.7000	1.0000	0.4000	0.7000	0.9000	0.0000	0.3000	0.3000	0.1000	0.3000	0.2000
X_5	X_{51}	0.3	0.5	0.85	0.6	1	0.45	0	0.35	0.15	0.25	0	0.15
	X_{52}	0.6154	0.6923	0.9231	0.6154	1	0.2308	0	0.5385	0.4615	0.1538	0.3846	0.7692
	X_{53}	0.6	0.2	1.2	0.8	1	0.6	0.2	0.6	0.4	0	0.2	0.4
	X_{54}	0.6	0.2	0.4	0.6	1	0.6	0	0.8	0	0.2	0	0.4
	X_{55}	0.2143	0.0714	0.5714	0.4286	1	0.2857	0.3571	0.1786	0.1429	0	0.1786	0.2143

第三节　综合方法的评价

一　G1 法

1. 计算权重系数

首先，按照 G1 法权重确定的三个步骤，邀请专家参照表 7 – 1，给出指标 x_{k-1} 和 x_k 的重要性赋值，并计算出各指标的 w_k 值。

本书评价指标体系主要分为两个层次。第 1 层是评价维度，可以分为人力、技术、市场、管理、文化五个评价要素。第 2 层是指标层，由 26 个具体评价指标构成。邀请有丰富评价经验的低碳专家对评价维度和指标层的序关系进行排列，见附录表 1 ~ 附录表 6。

对于第 1 层，专家认为指标集 x_1，x_2，$\cdots$，x_5，相对于企业低碳竞争力的贡献为：

$$x_2 > x_4 > x_1 > x_5 > x_3 \Rightarrow x_1^* > x_2^* > x_3^* > x_4^* > x_5^*$$

且给出：

$$r_2 = \frac{w_1^*}{w_2^*} = 1.4, r_3 = \frac{w_2^*}{w_3^*} = 1.6, r_4 = \frac{w_3^*}{w_4^*} = 1.2, r_5 = \frac{w_4^*}{w_5^*} = 1.4$$

代入

$$w_m = \left(1 + \sum_{k=2}^m \prod_{i=k}^m r_i\right)^{-1} \Rightarrow$$

$$w_5^* = (1 + r_2 r_3 r_4 r_5 + r_3 r_4 r_5 + r_4 r_5 + r_5)^{-1} = 0.09496$$

由

$$w_{k-1} = r_k w_k \Rightarrow w_4^* = 0.13294, w_3^* = 0.15953, w_2^* = 0.25524,$$

$$w_1^* = 0.35734 \Rightarrow w_1 = 0.15953, w_2 = 0.35734, w_3 = 0.09496,$$
$$w_4 = 0.25524, w_5 = 0.13294$$

二级指标的排序如下：

人力碳无形资产：

$$x_{14} > x_{12} > x_{11} > x_{13} > x_{15} \Rightarrow x_1^* > x_2^* > x_3^* > x_4^* > x_5^*$$

$$r_2 = \frac{w_1^*}{w_2^*} = 1.4, r_3 = \frac{w_2^*}{w_3^*} = 1.2, r_4 = \frac{w_3^*}{w_4^*} = 1.4, r_5 = \frac{w_4^*}{w_5^*} = 1.4$$

技术碳无形资产：

$$x_{25} > x_{24} > x_{21} > x_{23} > x_{27} > x_{26} > x_{22} \Rightarrow$$

$$x_1^* > x_2^* > x_3^* > x_4^* > x_2^* > x_3^* > x_4^*$$

$$r_2 = \frac{w_1^*}{w_2^*} = 1.2, r_3 = \frac{w_2^*}{w_3^*} = 1.4, r_4 = \frac{w_3^*}{w_4^*} = 1.6,$$

$$r_5 = \frac{w_4^*}{w_5^*} = 1.2, r_6 = \frac{w_5^*}{w_6^*} = 1.2, r_7 = \frac{w_6^*}{w_7^*} = 1.6$$

市场碳无形资产：

$$x_{33} > x_{31} > x_{32} > x_{34} \Rightarrow x_1^* > x_2^* > x_3^* > x_4^*$$

$$r_2 = \frac{w_1^*}{w_2^*} = 1.2, r_3 = \frac{w_2^*}{w_3^*} = 1.6, r_4 = \frac{w_3^*}{w_4^*} = 1.4$$

管理碳无形资产：

$$x_{45} > x_{41} > x_{43} > x_{42} > x_{44} \Rightarrow x_1^* > x_2^* > x_3^* > x_4^*$$

$$r_2 = \frac{w_1^*}{w_2^*} = 1.2, r_3 = \frac{w_2^*}{w_3^*} = 1.4, r_4 = \frac{w_3^*}{w_4^*} = 1.6, r_5 = \frac{w_4^*}{w_5^*} = 1.2$$

文化碳无形资产：

$$x_{52} > x_{51} > x_{54} > x_{53} > x_{55} \Rightarrow x_1^* > x_2^* > x_3^* > x_4^* > x_5^*$$

$$r_2 = \frac{w_1^*}{w_2^*} = 1.4, r_3 = \frac{w_2^*}{w_3^*} = 1.2, r_4 = \frac{w_3^*}{w_4^*} = 1.4, r_5 = \frac{w_4^*}{w_5^*} = 1.2$$

根据上述方法可算出：

人力碳无形资产：

$$w_{11} = 0.19591, w_{12} = 0.23509, w_{13} = 0.13993,$$
$$w_{14} = 0.32912, w_{15} = 0.09995$$

技术碳无形资产：

$$w_{21} = 0.16860, w_{22} = 0.04574, w_{23} = 0.10538, w_{24} = 0.23604,$$
$$w_{25} = 0.28325, w_{26} = 0.07318, w_{27} = 0.13646$$

市场碳无形资产：

$$w_{31} = 0.30568, w_{32} = 0.19105,$$
$$w_{33} = 0.36681, w_{34} = 0.13646$$

管理碳无形资产：

$$w_{41} = 0.24996, w_{42} = 0.14879, w_{43} = 0.20830,$$
$$w_{44} = 0.09299, w_{45} = 0.29996$$

文化碳无形资产：

$$w_{51} = 0.23124, w_{52} = 0.32373, w_{53} = 0.13764,$$
$$w_{54} = 0.19270, w_{55} = 0.11470$$

2. 评价

根据评价模型可得，第 i 个评价对象的综合评价得分为 $Q_i = \sum_{j=1}^{n} p_{ij} w_j$，其中，$w_j$ 为第 j 个指标的权重，p_{ij} 则为评价指标的规范化得分，计算结果见表 7 – 9 和图 7 – 2。

二 集值迭代法

1. 计算权重

在采用集值迭代法评价的过程中，咨询了六位有丰富的节能减排经验的专家，让其选出认为重要的指标（见附表7）。令 $g_k = 4$，$s_k = 4$，本书邀请六位专家分别从指标集中选取相应数量的指标，选取的过程如下：第一次选取您所认为最为重要的 4 个指标；第二次选取剩余指标中，您所认为最为重要的 4 个指标，依此类推，共选取四次，选出 16 个指标。按照以上的步骤，最终获取了 4 个指标集。第一位专家具体做法如下：

（1）选取他认为指标集 X 所含的最重要的 4 个指标，得子集

$$X_1^{(1)} = \{x_{11}, x_{21}, x_{31}, x_{43}\};$$

（2）选取他认为指标集 X 所含的最重要的 8 个指标，得子集

$$X_2^{(1)} = \{x_{11}, x_{21}, x_{31}, x_{43}, x_{12}, x_{24}, x_{25}, x_{41}\};$$

（3）选取他认为指标集 X 所含的最重要的 12 个指标，得子集

$$X_3^{(1)} = \{x_{11}, x_{21}, x_{31}, x_{43}, x_{12}, x_{24}, x_{25}, x_{41}, x_{14}, x_{23}, x_{33}, x_{51}\};$$

（4）选取他认为指标集 X 所含的最重要的 16 个指标，得子集

$$X_4^{(1)} = \{x_{11}, x_{21}, x_{31}, x_{43}, x_{12}, x_{24}, x_{25}, x_{41}, x_{14}, x_{23}, x_{33}, x_{51}, x_{15}, x_{22}, x_{42}, x_{52}\}$$

依次可得：

专家二：

$$X_4^{(2)} = \{x_{12}, x_{25}, x_{41}, x_{53}, x_{14}, x_{23}, x_{42}, x_{45}, x_{13}, x_{22}, x_{26}, x_{32}, x_{15}, x_{24}, x_{27}, x_{55}\}$$

专家三：

$$X_4^{(3)} = \{x_{14}, x_{24}, x_{25}, x_{33}, x_{12}, x_{21}, x_{31}, x_{42}, x_{15}, x_{27}, x_{44}, x_{53}, x_{22}, x_{45}, x_{52}, x_{54}\}$$

专家四：

$$X_4^{(4)} = \{x_{12}, x_{14}, x_{24}, x_{41}, x_{15}, x_{25}, x_{33}, x_{51}, x_{23}, x_{27}, x_{31}, x_{54}, x_{21}, x_{26}, x_{11}, x_{44}\}$$

专家五：

$$X_4^{(5)} = \{x_{14}, x_{23}, x_{24}, x_{41}, x_{12}, x_{21}, x_{25}, x_{33}, x_{15}, x_{26}, x_{27}, x_{52}, x_{11}, x_{22}, x_{31}, x_{43}\}$$

专家六：

$$X_4^{(6)} = \{x_{14}, x_{21}, x_{23}, x_{253}, x_{13}, x_{22}, x_{32}, x_{42}, x_{33}, x_{43}, x_{45}, x_{53}, x_{11}, x_{31}, x_{41}, x_{55}\}$$

选中次数函数 $g(x_j) = \sum_{k=1}^{L} \sum_{i=1}^{s_k} u_{ik}(x_j)$，$j = 1, 2, \cdots, m$，其中 $u_{ik}(x_j) = \begin{cases} 1, & x_j \in X_{i,k} \\ 0, & x_j \notin X_{i,k} \end{cases}$，$i = 1, 2, \cdots, s_k$；$k = 1, 2, \cdots, L_\circ$

则 $g(x_{11}) = 4$，$g(x_{12}) = 5$，$g(x_{13}) = 2$，$g(x_{14}) = 6$，$g(x_{15}) = 5$，$g(x_{21}) = 5$，$g(x_{22}) = 5$，$g(x_{23}) = 5$，$g(x_{24}) = 5$，$g(x_{25}) = 6$，$g(x_{26}) = 3$，$g(x_{27}) = 4$ $g(x_{31}) = 5$，$g(x_{32}) = 2$，$g(x_{33}) = 5$，$g(x_{34}) = 0$，$g(x_{41}) = 5$，$g(x_{42}) = 4$，$g(x_{43}) = 3$，$g(x_{44}) = 2$，$g(x_{45}) = 3$，$g(x_{51}) = 2$，$g(x_{52}) = 3$，$g(x_{53}) = 3$，$g(x_{54}) = 2$，$g(x_{55}) = 2_\circ$

将指标数值进行归一化处理，即得到权重值，考虑到指标 x_{34} 一直未被选中，则权重系数应做如下调整：

$$w_j = \frac{g(x_j) + \frac{1}{2m}}{\sum_{k=1}^{m}\left[g(x_k) + \frac{1}{2m}\right]}, m = 26$$

$w_{34} = 0.00020,$

$w_{14} = w_{25} = 0.06269,$

$w_{11} = w_{27} = w_{42} = 0.04186,$

$w_{26} = w_{43} = w_{45} = w_{52} = w_{53} = 0.03144,$

$w_{12} = w_{15} = w_{21} = w_{22} = w_{23} = w_{24} = w_{31} = w_{33} = w_{41} = 0.05228,$

$w_{13} = w_{32} = w_{44} = w_{51} = w_{54} = w_{55} = 0.02103。$

2. 评价

第 i 个评价对象的综合评价得分为 $Q_i = \sum_{j=1}^{n} p_{ij} w_j$，其中，$w_j$ 为第 j 个指标的权重，p_{ij} 则为评价指标的规范化得分，计算结果见表 7 - 9 和图 7 - 2。

三 TOPSIS 法

TOPSIS 法通过计算数据与"最优解"和"最差解"的接近程度，以确定评价对象相对优劣排序，在多目标决策中常用。

1. 构造决策矩阵 A，并将其规范化

令

$$y_{ij} = \frac{x_{ij}}{\sqrt{\sum_{i=1}^{12} x_{ij}^2}}, i = 1,2,3,\cdots,12; j = 1,2,3,\cdots,26$$

指标体系中有三个成本型指标，即统计数值越小越有利，先取倒数再处理。

则可得标准化矩阵 $Y = (y_1, y_2, \cdots, y_{26}) = \{y_{ij}\}_{mn}$，见表 7 - 4。

表 7－4 12家钢铁企业数据规范化处理

一级指标	二级指标	鞍钢股份	沙钢股份	武钢股份	首钢股份	宝钢股份	河北钢铁	华菱钢铁	大钢不锈	马钢股份	包钢股份	本钢板材	山东钢铁
X_1	X_{11}	0.0904	0.1201	0.1306	0.1289	0.1302	0.0896	0.0293	0.067	0.0377	0.0544	0.0339	0.0879
	X_{12}	0.1168	0.0988	0.1257	0.1249	0.1437	0.0994	0.0428	0.0485	0.0515	0.0551	0.0299	0.0629
	X_{13}	0.1254	0.1332	0.1397	0.1483	0.154	0.0623	0.0165	0.0272	0.0387	0.0093	0.0616	0.0838
	X_{14}	0.0609	0.0087	0.0603	0.0413	0.0522	0.0625	0.1321	0.1626	0.1453	0.06	0.1304	0.0835
	X_{15}	0.099	0.0894	0.0942	0.0894	0.1039	0.0942	0.0652	0.0749	0.07	0.0797	0.0652	0.0749
X_2	X_{21}	0.1176	0.0856	0.115	0.1123	0.131	0.0856	0.0401	0.0856	0.0455	0.0508	0.0588	0.0722
	X_{22}	0.0835	0.0842	0.0828	0.0831	0.0847	0.0839	0.0813	0.0837	0.0835	0.0822	0.0842	0.083
	X_{23}	0.0836	0.0833	0.0839	0.0841	0.0841	0.0832	0.0835	0.0829	0.0847	0.0802	0.0826	0.084
	X_{24}	0.0838	0.0844	0.0836	0.0804	0.0838	0.0862	0.0844	0.0834	0.0907	0.0844	0.0729	0.0821
	X_{25}	0.0838	0.0844	0.0836	0.0804	0.0838	0.0862	0.0844	0.0834	0.0907	0.0844	0.0729	0.0821
	X_{26}	0.0838	0.0782	0.0821	0.0838	0.0839	0.0815	0.1089	0.0838	0.0737	0.0808	0.0813	0.0783
	X_{27}	0.0834	0.0836	0.0836	0.0835	0.0836	0.0835	0.0833	0.083	0.0836	0.0829	0.083	0.083
X_3	X_{31}	0.1136	0.0927	0.1298	0.139	0.1159	0.0498	0.0487	0.0776	0.0579	0.0556	0.0533	0.066
	X_{32}	0.0837	0.0885	0.0933	0.0933	0.0981	0.0933	0.0837	0.0789	0.0694	0.0646	0.0742	0.0789
	X_{33}	0.0874	0.083	0.0964	0.0919	0.1009	0.0874	0.074	0.0874	0.083	0.0695	0.065	0.074
	X_{34}	0.1047	0.0891	0.0814	0.0736	0.0969	0.0581	0.0659	0.1124	0.0736	0.0814	0.0736	0.0891

续表

一级指标	二级指标	鞍钢股份	沙钢股份	武钢股份	首钢股份	宝钢股份	河北钢铁	华菱钢铁	太钢不锈	马钢股份	包钢股份	本钢板材	山东钢铁
X_4	X_{41}	0.095	0.095	0.1033	0.1281	0.1364	0.0785	0.0537	0.0868	0.062	0.0455	0.0372	0.0785
	X_{42}	0.1022	0.096	0.0991	0.1022	0.1146	0.0898	0.0712	0.096	0.065	0.0588	0.0464	0.0588
	X_{43}	0.0932	0.1046	0.1141	0.109	0.1252	0.0751	0.0487	0.0946	0.0544	0.0626	0.0515	0.0668
	X_{44}	0.0796	0.0752	0.0794	0.101	0.11	0.092	0.0706	0.0877	0.0762	0.0821	0.0672	0.0792
	X_{45}	0.124	0.1	0.124	0.076	0.1	0.116	0.044	0.068	0.068	0.052	0.068	0.06
X_5	X_{51}	0.0772	0.0919	0.1176	0.0993	0.1287	0.0882	0.0551	0.0809	0.0662	0.0735	0.0551	0.0662
	X_{52}	0.092	0.1	0.124	0.092	0.132	0.052	0.028	0.084	0.076	0.044	0.068	0.108
	X_{53}	0.086	0.0732	0.1051	0.0924	0.0987	0.086	0.0732	0.086	0.0796	0.0669	0.0732	0.0796
	X_{54}	0.0895	0.0772	0.0833	0.0895	0.1019	0.0895	0.071	0.0957	0.071	0.0772	0.071	0.0833
	X_{55}	0.0736	0.0581	0.1124	0.0969	0.1589	0.0814	0.0891	0.0698	0.0659	0.0504	0.0698	0.0736

2. 确定理想点样本和最差点样本

$Y^+ = (y_1^+, y_2^+, \cdots, y_{26}^+)^T$，$Y^- = (y_1^-, y_2^-, \cdots, y_{26}^-)^T$，见表 7-5。

表 7-5　理想样本点和最差样本点

	N	Y^-	Y^+
g11	12	.0293	.1306
g12	12	.0299	.1437
g13	12	.0093	.1540
g14	12	.0087	.1626
g15	12	.0652	.1039
g21	12	.0401	.1310
g22	12	.0813	.0847
g23	12	.0802	.0847
g24	12	.0729	.0907
g25	12	.0729	.0907
g26	12	.0737	.1089
g27	12	.0829	.0836
g31	12	.0487	.1390
g32	12	.0646	.0981
g33	12	.0650	.1009
g34	12	.0581	.1124
g41	12	.0372	.1364
g42	12	.0464	.1146
g43	12	.0487	.1252
g44	12	.0672	.1100
g45	12	.0440	.1240
g51	12	.0551	.1287

续表

	N	Y^-	Y^+
g52	12	.0280	.1320
g53	12	.0669	.1051
g54	12	.0710	.1019
g55	12	.0504	.1589
有效的 N（列表状态）	12		

3. 计算距离，各方案的解到理想点和最差点的距离

$$d_i^+ = \sqrt{\sum_{j=1}^{26} (y_{ij} - y_j^+)^2}, d^- = \sqrt{\sum_{j=1}^{26} (y_{ij} - y_j^-)^2}, \; i = 1,2,3,\cdots,$$

12，见表 7 - 6。

表 7 - 6　TOPSIS 法运算结果

企业	d_i^-	d_i^+	L_i	排序
鞍钢股份	1.0160	0.6426	0.6125648	4
沙钢股份	0.8607	0.7979	0.5189316	5
武钢股份	1.2306	0.4280	0.7419510	2
首钢股份	1.1269	0.5317	0.6794284	3
宝钢股份	1.4394	0.2192	0.8678403	1
河北钢铁	0.7375	0.9211	0.4446521	6
华菱钢铁	0.3310	1.3276	0.1995659	10
太钢不锈	0.7741	1.3276	0.3683209	7
马钢股份	0.4661	1.1925	0.2810201	8
包钢股份	0.2906	1.3680	0.1752080	11
本钢板材	0.3325	1.3261	0.2004703	9
山东钢铁	0.6220	5.0760	0.1091611	12

4. 计算各个方案到理想点的相对接近度及排序

计算出 $L_i = \dfrac{d_i^-}{d_i^+ + d_i^-}$（$i = 1$，$2$，$3$，$\cdots$，$12$）的值，根据 L_i 大小对企业低碳竞争力进行排序，见表 7 – 6 和图 7 – 1。L_i 越大则表明距离最优样本点越近，反之则越远。

四　熵值法

本书采用软件 Matlab12b 对样本钢铁企业的低碳竞争力进行评价，其评价程序如下：

```
%  熵值法确定权重
%  确定指标层权重
clear；
clc；
x =［］
y =［］
format
p1 = pi
format long
p2 = pi
p3 = vpa（pi，6）
［m，n］ = size（x）；
for i = 1：n
    y（:，i）= x（:，i）/sum（［x（:，i）］）      %  原始矩阵归一化
end
for l = 1：n
    s（1，l）= 0；
    for j = 1：m
        p（1，l）= y（j，l）*log（y（j，l））
        s（1，l）= s（1，l）+ p（1，l）
    end
end
k =（log（m））^（ - 1）
e = - k * s
```

```
h = ones (1, n) - e
w = h/sum (h)              % 指标权重值
sum (w)
% 计算综合评价值
g = y * w'
```

其软件运算过程见附录 D，经过运算可以得出评价指标的信息熵值、信息效用值、指标权重，见表 7 - 7，样本企业各一级指标得分如表 7 - 8、图 7 - 1 所示，综合评价结果见表 7 - 9 和图 7 - 2。

表 7 - 7 样本企业低碳竞争力指标体系权重

一级指标	二级指标	信息熵	效用值	权重
X_1	X_{11}	0.957089	0.042911	0.071415
	X_{12}	0.958327	0.041673	0.069356
	X_{13}	0.910497	0.089503	0.148958
	X_{14}	0.800945	0.199055	0.331282
	X_{15}	0.995222	0.004778	0.007952
X_2	X_{21}	0.974142	0.025858	0.043035
	X_{22}	0.999977	0.000023	0.000039
	X_{23}	0.999965	0.000035	0.000059
	X_{24}	0.999507	0.000493	0.000820
	X_{25}	0.999506	0.000494	0.000822
	X_{26}	0.998161	0.001839	0.003060
	X_{27}	0.999998	0.000002	0.000004
X_3	X_{31}	0.971074	0.028926	0.048141
	X_{32}	0.971074	0.002978	0.004957
	X_{33}	0.996812	0.003188	0.005306
	X_{34}	0.993333	0.006667	0.011096

续表

一级指标	二级指标	信息熵	效用值	权重
X_4	X_{41}	0.974211	0.025789	0.042920
	X_{42}	0.986495	0.013505	0.022477
	X_{43}	0.986495	0.019261	0.032055
	X_{44}	0.996020	0.003980	0.006623
	X_{45}	0.978842	0.021158	0.035214
X_5	X_{51}	0.986185	0.013815	0.022992
	X_{52}	0.971382	0.028618	0.047629
	X_{53}	0.996627	0.003373	0.005614
	X_{54}	0.997255	0.002745	0.004568
	X_{55}	0.979808	0.020192	0.033606

表 7 - 8 样本企业低碳竞争力在五个维度的得分

一级指标	鞍钢股份	沙钢股份	武钢股份	首钢股份	宝钢股份	河北钢铁
X_1	0.07047	0.20594	0.07761	0.08916	0.08654	0.0566
X_2	0.11421	0.08497	0.1117	0.10952	0.12624	0.08512
X_3	0.10801	0.09109	0.11691	0.12175	0.11043	0.05713
X_4	0.10236	0.09771	0.1092	0.10505	0.11984	0.08967
X_5	0.08324	0.08385	0.11677	0.09482	0.1364	0.07108

一级指标	华菱钢铁	太钢不锈	马钢股份	包钢股份	本钢板材	山东钢铁
X_1	0.02311	0.02689	0.02793	0.03857	0.1289	0.16828
X_2	0.04604	0.08536	0.04841	0.05386	0.06155	0.07303
X_3	0.05585	0.08403	0.06317	0.06144	0.05893	0.07126
X_4	0.05373	0.08537	0.06293	0.05496	0.05119	0.06799
X_5	0.05535	0.07976	0.07103	0.05426	0.06631	0.08713

表 7 - 9　四种综合评价法的得分与排序

企业	G1 法		集值迭代法		TOPSIS 法		熵值法		标准差
	得分	排名	得分	排名	得分	排名	得分	排名	
鞍钢股份	0.68900	4	0.69010	3	0.61256	4	0.09115	5	0.816
沙钢股份	0.59756	6	0.57251	6	0.51893	5	0.21357	1	2.380
武钢股份	0.79067	2	0.67709	4	0.74195	2	0.10203	4	1.155
首钢股份	0.70198	3	0.78075	2	0.67943	3	0.11043	3	0.500
宝钢股份	0.89218	1	0.90780	1	0.86784	1	0.11325	2	0.500
河北钢铁	0.61655	5	0.60238	5	0.44465	6	0.07238	6	0.577
华菱钢铁	0.32311	10	0.25764	11	0.19957	10	0.03686	12	0.957
太钢不锈	0.51433	7	0.41928	9	0.36832	7	0.05138	8	0.957
马钢股份	0.47266	8	0.44018	8	0.28102	8	0.04510	11	1.500
包钢股份	0.28474	11	0.20346	12	0.17521	11	0.05082	9	1.258
本钢板材	0.17235	12	0.30587	10	0.20047	9	0.04614	10	1.258
山东钢铁	0.42458	9	0.49782	7	0.10916	12	0.06689	7	2.363

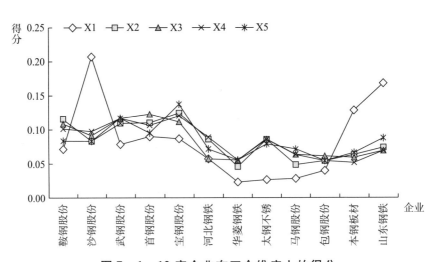

图 7 - 1　12 家企业在五个维度上的得分

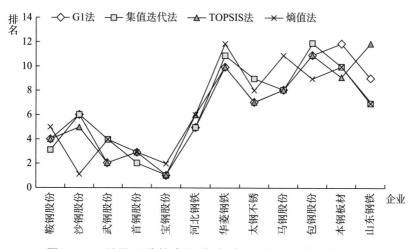

图 7 - 2　利用四种综合评价法对 12 家企业排名的对比

五　事前 Kendall 一致性检验

选用上述四种评价方法对 12 家上市钢铁公司进行评价，即 $m = 4$，$n = 12$。通过运行 SPSS21.0 软件对数据进行 Kendall 一致性检验，验证了一致性（见表 7 - 10），即可用判定综合评价方法集相容。但由表 7 - 9 可知多数企业的标准差大于 0.5（标准为 0.5），故而需要将利用四种综合评价法评价所得的结果代入组合评价方法集中。

表 7 - 10　四种评价结果相关系数

方法种类	G1 法	集值迭代法	TOPSIS 法	熵值法
	1.000	.788 **	.818 **	.636 **
G1 法	.	.000	.000	.004
	12	12	12	12
	.788 **	1.000	.727 **	.667 **
集值迭代法	.000	.	.001	.003
	12	12	12	12

续表

方法种类	G1 法	集值迭代法	TOPSIS 法	熵值法
TOPSIS 法	.818**	.727**	1.000	.576**
	.000	.001	.	.009
	12	12	12	12
熵值法	.636**	.667**	.576**	1.000
	.004	.003	.009	
	12	12	12	12

** . 在置信度（双侧）为 0.01 时，相关性是显著的。

第四节　组合方法的评价

通过对比利用四种评价方法的评价结果，可以发现四种综合评价方法具有一致性，用两种主观评价方法得出的结果差距很小，而与 TOPSIS 法和熵值法排序差距较大，其中沙钢股份的标准差为 2.38。为了消除四种评价方法的差异，克服单一方法带来的弊端，本书运用组合评价方法进行第一次组合评价，评价结果见表 7 - 17。

一　Board 法

按照第五章所阐述的 Board 法，如果上述四种综合评价方法中 x_i 要好于 x_j 的数大于 x_j 要好于 x_i 的数，记为 $x_i S x_j$。在 Board 矩阵 $B = \{b_{ij}\}_{n \times n}$ 中，$b_{ij} = \begin{cases} 1, & x_i S x_j \\ 0, & \text{其他} \end{cases}$，$b_i = \sum_{j=1}^{n} b_{ij}$ 为某企业 x_i 的低碳竞争力得分总和。根据上述理论，结合方差小者靠前的原则，可以得到 Board 法矩阵，如表 7 - 11 所示。

表 7 - 11　Board 法矩阵

企业名称	鞍钢股份	沙钢股份	武钢股份	首钢股份	宝钢股份	河北钢铁	华菱钢铁	太钢不锈	马钢股份	包钢股份	本钢板材	山东钢铁	得分	名次
鞍钢股份	0	1	0	0	0	1	1	1	1	1	1	1	8	4
沙钢股份	0	0	0	0	0	0	1	1	1	1	1	1	6	6
武钢股份	1	1	0	0	0	1	1	1	1	1	1	1	9	3
首钢股份	1	1	0	0	0	1	1	1	1	1	1	1	9	2
宝钢股份	1	1	1	1	0	1	1	1	1	1	1	1	11	1
河北钢铁	0	0	0	0	0	0	1	1	1	1	1	1	6	5
华菱钢铁	0	0	0	0	0	0	0	0	0	1	0	0	1	10
太钢不锈	0	0	0	0	0	0	1	0	1	1	1	0	4	7
马钢股份	0	0	0	0	0	0	1	0	0	1	1	0	3	8
包钢股份	0	0	0	0	0	0	0	0	0	0	0	0	0	12
本钢板材	0	0	0	0	0	0	1	0	0	0	0	0	1	11
山东钢铁	0	0	0	0	0	0	1	0	0	1	1	0	3	9

二　Copeland 法

按照第五章所阐述的 Copeland 法对综合评价的四种结果进行打分，确定 Copeland 矩阵 $C = \{c_{ij}\}_{n \times n}$，在该矩阵中，

$$c_{ij} = \begin{cases} 1, & x_i S x_j \\ 0, & \text{其他} \\ -1, & x_j S x_i \end{cases}, \quad c_i = \sum_{j=1}^{n} c_{ij}$$ 为评价企业 x_i 的低碳竞争力得分总和。

根据上述理论，结合方差小者靠前的原则，得到 Copeland 法矩阵，如表 7 - 12 所示。

表 7 – 12   Copeland 法矩阵

企业名称	鞍钢股份	沙钢股份	武钢股份	首钢股份	宝钢股份	河北钢铁	华菱钢铁	太钢不锈	马钢股份	包钢股份	本钢板材	山东钢铁	得分	名次
鞍钢股份	0	1	– 1	– 1	– 1	1	1	1	1	1	1	1	5	4
沙钢股份	– 1	0	– 1	– 1	– 1	0	1	1	1	1	1	1	2	6
武钢股份	1	1	0	0	– 1	1	1	1	1	1	1	1	8	3
首钢股份	1	1	0	0	– 1	1	1	1	1	1	1	1	8	2
宝钢股份	1	1	1	1	0	1	1	1	1	1	1	1	11	1
河北钢铁	– 1	0	– 1	– 1	– 1	0	1	1	1	1	1	1	2	5
华菱钢铁	– 1	– 1	– 1	– 1	– 1	– 1	0	– 1	– 1	1	– 1	– 1	– 9	11
太钢不锈	– 1	– 1	– 1	– 1	– 1	– 1	1	0	1	1	1	0	– 2	7
马钢股份	– 1	– 1	– 1	– 1	– 1	– 1	1	– 1	0	1	1	0	– 4	9
包钢股份	– 1	– 1	– 1	– 1	– 1	– 1	– 1	– 1	– 1	0	0	– 1	– 10	12
本钢板材	– 1	– 1	– 1	– 1	– 1	– 1	1	– 1	– 1	0	0	– 1	– 8	10
山东钢铁	– 1	– 1	– 1	– 1	– 1	– 1	1	0	0	1	1	0	– 3	8

三 平均值法

首先，按照公式 $R_{ij} = n - r_{ij} + 1$，r_{ij}：$i = 1, 2, \cdots, n$；$j = 1, 2, \cdots, m$，将每一种单一方法排序的名次转换成分数（见表 7 – 13），根据均值 $\bar{R}_i = \frac{1}{m} \sum_{j=1}^{m} R_{ij}$ 来确定每一个评价对象组合评价值。根据上述理论，结合方差小者靠前的原则，得到平均值法条件下企业低碳竞争力的排名，如表 7 – 13 所示。

表 7 – 13   平均值法排名

企业名称	G1 法排名	集值迭代法排名	TOPSIS 法排名	熵权法排名	R1	R2	R3	R4	均值	标准差	排名
鞍钢股份	4	3	4	5	9	10	9	8	9	0.816	4

续表

企业名称	G1法排名	集值迭代法排名	TOPSIS法排名	熵权法排名	R1	R2	R3	R4	均值	标准差	排名
沙钢股份	6	6	5	1	7	7	8	12	8.5	2.38	5
武钢股份	2	4	2	4	11	9	11	9	10	1.155	3
首钢股份	3	2	3	3	10	11	10	10	10.25	0.5	2
宝钢股份	1	1	1	2	12	12	12	11	11.75	0.5	1
河北钢铁	5	5	6	6	8	8	7	7	7.5	0.577	6
华菱钢铁	10	11	10	12	3	2	3	1	2.25	0.957	11
太钢不锈	7	9	7	8	6	4	6	5	5.25	0.957	7
马钢股份	8	8	8	11	5	5	5	2	4.25	1.5	8
包钢股份	11	12	11	9	2	1	2	4	2.25	1.258	12
本钢板材	12	10	9	10	1	3	4	3	2.75	1.258	10
山东钢铁	9	7	12	7	4	6	1	6	4.25	2.363	9

四　模糊 Borda 法

按照第五章所阐述的隶属度计算公式 $w_{kt} = \dfrac{R_{kt} - \min\limits_{k}\{R_{kt}\}}{\max\limits_{k}\{R_{kt}\} - \min\limits_{k}\{R_{kt}\}} \times$

$0.9 + 0.1$，$i = 1, 2, \cdots, n$；$j = 1, 2, \cdots, m$，得到综合评价四种结果的隶属度，见表 7-14。按照模糊频率计算公式 $p_{qk} = \sum\limits_{t=1}^{m} \theta_{kq} w_{kt}$；

$F_k = \sum\limits_{h} p_{qk}$；$w_{kt} = \begin{cases} 1, & \text{企业 } k \text{ 排在第 } t \text{ 位} \\ 0, & \text{其他} \end{cases}$，模糊频率为：$f_{qk} = p_{qk} /$

F_k，得到模糊频率 f_{qk}，反映了得分的差异，见表 7-15。最后，将排序转化为得分及模糊 Borda 得分，$Q_k = \dfrac{1}{2}(n-k)(n-k+1)$，

$B_k = \sum f_{kq} Q_k$，按得分 B_k 大小重新进行排序。根据上述理论，结合

方差小者靠前的原则，最终确定了模糊 Borda 法下的排名，结果见表 7 – 16。

表 7 – 14   隶属度

企业名称	隶属度			
鞍钢股份	0.74597	0.7218	0.6972	0.3765
沙钢股份	0.63164	0.5716	0.5861	1.0000
武钢股份	0.87307	0.7052	0.8507	0.4319
首钢股份	0.76220	0.8377	0.7765	0.4747
宝钢股份	1.00000	1.0000	1.0000	0.4891
河北钢铁	0.65538	0.6097	0.4980	0.2809
华菱钢铁	0.28850	0.1692	0.2072	0.1000
太钢不锈	0.52757	0.3758	0.4074	0.1740
马钢股份	0.47548	0.4025	0.3039	0.1420
包钢股份	0.24053	0.1000	0.1783	0.1711
本钢板材	0.10000	0.2309	0.2083	0.1473
山东钢铁	0.41536	0.4761	0.1000	0.2529

表 7 – 15   模糊频率

企业名称	P1	P2	P3	P4	F
鞍钢股份	1.4432	0.7218	1.4432	0.3765	2.5415
沙钢股份	1.2032	1.2032	0.3765	0.3765	1.9562
武钢股份	1.7238	0.3765	1.7238	0.4319	1.9878
首钢股份	2.0134	0.3765	2.0134	2.0134	2.3899
宝钢股份	2	2	2	0.4891	2.4891
河北钢铁	1.2651	1.2651	0.7789	0.7789	2.044
华菱钢铁	0.4957	0.1692	0.4957	0.1000	0.7649

续表

企业名称	P1	P2	P3	P4	F
太钢不锈	0.9350	0.3758	0.9350	0.1740	1.4848
马钢股份	1.1819	1.1819	1.1819	0.1420	1.3239
包钢股份	0.4188	0.1000	0.4188	0.1711	0.6899
本钢板材	0.1000	0.3782	0.2083	0.3782	0.6865
山东钢铁	0.4154	0.7290	0.1000	0.7290	1.2444

表 7-16　模糊 Borda 法排名

企业名称	W1	Q1	W2	Q2	W3	Q3	W4	Q4	B	排序
鞍钢股份	0.5679	36	0.2840	45	0.5679	36	0.1481	28	57.8156	4
沙钢股份	0.6151	21	0.6151	21	0.1925	28	0.1925	66	43.9292	6
武钢股份	0.8672	55	0.1894	36	0.8672	55	0.2173	36	110.0332	3
首钢股份	0.8425	45	0.1575	55	0.8425	45	0.8425	45	122.4	2
宝钢股份	0.8035	66	0.8035	66	0.8035	66	0.1965	55	169.9005	1
河北钢铁	0.6189	28	0.6189	28	0.3811	21	0.3811	21	50.6646	5
华菱钢铁	0.6481	3	0.2212	1	0.6481	3	0.1307	0	4.1098	11
太钢不锈	0.6297	15	0.2531	6	0.6297	15	0.1172	10	21.5816	8
马钢股份	0.8927	10	0.8927	10	0.8927	10	0.1073	1	26.8883	7
包钢股份	0.6070	1	0.1449	0	0.6070	1	0.2480	6	2.702	12
本钢板材	0.1457	0	0.5509	3	0.3034	6	0.5509	3	5.1258	10
山东钢铁	0.3338	6	0.5858	15	0.0804	0	0.5858	15	19.5768	9

表 7-17　第一次组合评价结果

企业	Board 法		Copeland 法		平均值法		模糊 Borda 法		标准差
	得分	排名	得分	排名	得分	排名	得分	排名	
鞍钢股份	8	4	5	4	9	4	57.8156	4	0

续表

企业	Board 法		Copeland 法		平均值法		模糊 Borda 法		标准差
	得分	排名	得分	排名	得分	排名	得分	排名	
沙钢股份	6	6	2	6	8.5	5	43.9292	6	0.5
武钢股份	9	3	8	3	10	3	110.0332	3	0
首钢股份	9	2	8	2	10.25	2	122.4	2	0
宝钢股份	11	1	11	1	11.75	1	169.9005	1	0
河北钢铁	6	5	2	5	7.5	6	50.6646	5	0.5
华菱钢铁	1	10	-9	11	2.25	11	4.1098	11	0.5
太钢不锈	4	7	-2	7	5.25	7	21.5816	8	0.5
马钢股份	3	8	-4	9	4.25	8	26.8883	7	0.816
包钢股份	0	12	-10	12	2.25	12	2.702	12	0
本钢板材	1	11	-8	10	2.75	10	5.1258	10	0.5
山东钢铁	3	9	-3	8	4.25	9	19.5768	9	0.5

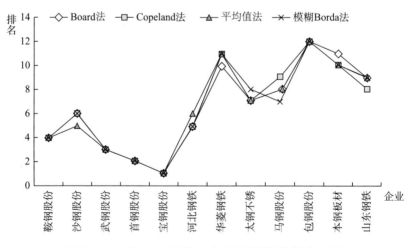

图 7-3　12 家企业第一次组合评价的排名对比

五　事后 Spearman 一致性检验

本书采用 Spearman 等级相关系数对几种评价结果进行检验，检验结果如表 7 - 18 所示。笔者发现所得到的四组数据都正相关，即表明第一次组合评价所得结果具有很强的相关性。

表 7 - 18　Spearman's 相关系数矩阵

方法种类	Board 法	Copeland 法	平均值法	模糊 Borda 法
Board 法	1.000	.965 **	.965 **	.965 **
	.	.000	.000	.000
	12	12	12	12
Copeland 法	.965 **	1.000	.986 **	.979 **
	.000	.	.000	.000
	12	12	12	12
平均值法	.965 **	.986 **	1.000	.986 **
	.000	.000	.	.000
	12	12	12	12
模糊 Borda 法	.965 **	.979 **	.986 **	1.000
	.000	.000	.000	.
	12	12	12	12

**. 在置信度（双侧）为 0.01 时，相关性是显著的。

六　修正过程

根据利用上述四种方法进行组合评价所得的结果（见表 7 - 17 和图 7 - 3），笔者发现所得的评价结果仍存在一些差异，例如沙钢、河钢、华菱、太钢、本钢、山钢的标准差为 0.5，马钢的标准差为 0.816，需要进一步进行修正。

表 7 – 19　第二次组合评价结果

企业	Board 法		Copeland 法		平均值法		模糊 Borda 法		标准差
	得分	排名	得分	排名	得分	排名	得分	排名	
鞍钢股份	8	4	5	4	9	4	144	4	0
沙钢股份	6	6	1	6	7.25	6	51.849	6	0
武钢股份	9	3	7	3	10	3	180	3	0
首钢股份	10	2	9	2	11	2	220	2	0
宝钢股份	11	1	11	1	12	1	264	1	0
河北钢铁	7	5	3	5	7.75	5	66.2025	5	0
华菱钢铁	1	11	– 9	11	2.25	11	3	11	0
太钢不锈	5	7	– 1	7	5.75	7	40.1	7	0
马钢股份	3	9	– 4	9	4.75	8	12.0813	9	0.5
包钢股份	0	12	– 11	12	1	12	0	12	0
本钢板材	2	10	– 7	10	2.75	10	7.5144	10	0
山东钢铁	3	8	– 4	8	4.5	9	16.95	8	0.5

　　进行第二次组合评价，其得分和排序如表 7 – 19 和图 7 – 4 所示。经过第二次修正后，发现总体的标准差有了很大变化，除河北

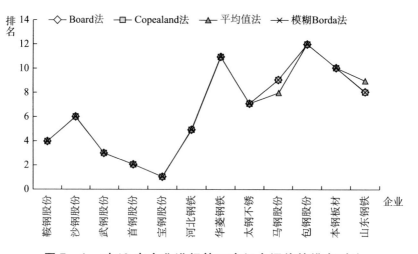

图 7 – 4　对 12 家企业进行第二次组合评价的排名对比

钢铁、马钢股份标准差为 0.5（符合 0.5 的要求）外，其他企业标准差均为 0，可见组合后标准差收敛趋于 0，可以认为 12 家钢铁公司的排序结果基本没有异议。

第五节　结果分析

通过采用系统组合评价方法对 12 家样本钢铁企业的低碳状况进行评价，可以得到以下结论。

（1）采用单一的综合方法对样本企业低碳竞争力进行评价的过程中，四种综合评价结果从不同角度反映了竞争力的优劣。G1 法和集值迭代法侧重主观评价，而 TOPSIS 法和熵值法更侧重客观评价。但如果仅仅采用单一的方法进行评价，评价结果信度会降低。本书在选用四种综合评价方法的基础上，继而选取 Borda 法、Copeland 法、平均值法、模糊 Borda 法四种组合方法对其进行组合评价，最终得到四种优劣关系。本书既实现了单一综合评价法和组合评价法的优势互补，同时也实现了主客观评价的结合，最终得到更为科学、合理的评价结果。

（2）针对某一个企业而言，如果利用综合评价方法进行评价得到的四组评价结果差异过大，则进行组合评价所得结果将没有意义。故而，本书进行了非参数的 Kendall、Spearman 等级相关系数检验。最终，通过检验确保了利用单一综合评价方法所得结果具有一致性，也使其后的组合评价具有科学的理论基础。

（3）为了减小组合评价所得结果的差异，根据所得结果的要求不同，可以人为规定标准差的大小对所得四组结果进行循环修正，直到其标准差为 0，即此时所得四组评价结果完全一致。本书采用标准差为 0.5 这一参考指标作为标准，最终经过两次循环组合达到标准，即除了马钢股份和山东钢铁的标准差为 0.5 外，其他企业的标准差均为 0。

根据表 7-19 和图 7-4 的评价结果，宝钢股份、首钢股份、武钢股份、鞍钢股份、河北钢铁、沙钢股份 6 家企业的低碳竞争力较强，而太钢不锈、山东钢铁、马钢股份、包钢股份、本钢板材、华菱钢铁排名较为靠后，其低碳竞争力较弱。

面对当前的低碳背景，我国部分企业采取了相应的措施，也发挥了一定的作用。沙钢股份人力碳无形资产维度得分为 0.20594，2007 年以来沙钢投入 5 亿多元，建立起了世界一流的钢铁研究院，拓宽了人才引入渠道，完善了人才创新激励机制，吸纳了大量的国内外高水平低碳技术人才，初步建立起了一流的科研队伍。此外，沙钢还坚持向基层员工宣讲低碳理念，使低碳理念为每一名员工所认同，同时加强对员工节能减排的技术培训，在整个企业中形成了节能减排的共识。沙钢股份管理碳无形资产维度得分为 0.09771，在低碳管理工作中，沙钢制定了完整的能耗分析制度并取得了较好的效果。公司先后编制了《能源计量器具配备管理程序》《能源运行管理程序》《能源管理基准、标杆管理程序》《能源评审管理程序》《环保管理制度》《清洁生产管理制度》《测量设备管理程序》等一系列管理制度。通过几年的努力，沙钢的工业用水循环率达 98% 以上，废水实现"零"排放或"负"排放，电炉烟气、高炉水渣余热等 100% 回收。宝钢股份在技术碳无形资产、管理碳无形资产、文化碳无形资产方面的得分分别为 0.12624、0.11984、0.1364。宝钢作为中国钢铁行业的领头羊，对原有的产销流程进行了大规模的整改，同时在低碳人才引进上狠下功夫，在减排技术研发方面取得了很大的突破，例如近几年成功研发了新型烧结烟气环保、干法除尘等技术，其低碳技术水平达到了新的高度。宝钢在管理上深化改革，在企业内部制定了相应的环境保护、节能减排的管理方针，同时设置了与之配套的职能管理部门，企业按照《能源管理体系要求》（GB/T23331－2012）、ISO14001 环境管理体系推进生产管理，2010 年以来，先后通过了 EnMSGT－2010、GB/T23331－2012 等低碳管理认证。此外，宝钢自 2003 年开始发布可持续发展报告和环境报告，进行相应的年度总结；在低碳文化建设方面，宝钢加大了建设力度，将企业低碳文化制度化、流程化，形成了有绿色特色的行为文化、制度文化。首钢股份市场碳无形资产得分为 0.12175。近年，在低碳市场建设上取得了很大的成功，以环境保护为经营指导思想，以绿色、低碳文化为价值观念，倡导绿色营销模式，在生产经营过程中，将环境保护与企业利益、消费者利益紧密结合起来，提升了企业的低碳品牌知名度。首钢股份技术碳无形资产的得分为 0.10952，首钢通过不断加大投入和技术革新，先后采用了全国先进的自备电厂脱硝、烧结烟气脱硫、焦化废水深度治理等技术，使其碳排放量大幅下降。2013 年，首钢围绕新一代炼钢、炼焦、炼铁、轧钢工艺和清洁煤技术，进行低碳冶炼技术的研发。在 CCS 技术方面，首钢有了很大进展，开展了一系列的相关项目，例如企业所开展的"转炉干法除尘灰冷固结技术及应用"项目，可以将套筒窑中的 CO_2 进行回收。

部分企业得分较低，例如华菱钢铁人力碳无形资产、技术碳无形资产、市场碳无形资产得分分别为 0.02311、0.04604、0.05585；本钢板材管理碳无形资产维度得分为 0.05119；包钢股份文化碳无形资产维度得分为 0.05426。通过分析这些企业的数据，可以发现其企业低碳竞争力不高的原因是多方面的。马钢、华菱等企业低碳技术落后，进而表现出一种很强的"技术锁定效应"，这也导致生产工艺更新成本大幅上升，低碳技术的研发投入不足等问题。这些企业的烧结生产设备落后、工艺稳定性差，对低碳技术的运用产生了制约。这些企业在钢渣、高炉渣、焦化烟气显热回收利用等领域缺乏成熟有效的低碳技术，低碳技术升级还存在很多"瓶颈"，涉及钢铁生产的各个环节。本钢板材等企业低碳管理水平滞后，企业缺乏低碳管理制度，没有完善的管理流程和健全的绩效考核制度；包钢股份等企业的管理者的低碳意识淡薄，长期采用粗放式增长模式，低碳文化建设落后，这反过来又制约了企业的低碳发展。

通过对评价结果的分析可以发现，我国钢铁企业的低碳竞争力普遍不高，且企业间的差距非常大。样本企业在低碳技术研发方面能力不足，与世界上的先进企业相比还有很大的差距。企业缺乏配套的服务支撑低碳技术创新，产、学、研、用相互结合的机制还不健全。在低碳技术专利的申请上，中国在低碳领域的专利申请多集中于一些高校和科研院所，与西方国家相比较，我国的专利数量相对较少。在低碳管理方面，我国绝大多数企业还没有建立起完善的碳盘查机制，碳排放的信息披露不够，相应的碳会计、碳审计、碳标签等制度也还不健全。技术人才匮乏也困扰着企业的低碳发展，在低碳技术人才的培养及引进上力度还不够。此外，企业在低碳文化的构建、低碳市场的开发等方面的资金投入相对较少，企业领导者对低碳发展的重视程度还有待提高。

综上，我国企业减排碳无形资产的开发还严重不足，碳无形资产的存量不足严重阻碍了企业的低碳发展。当前，企业减排碳无形资产的开发还存在很大的空间，亟须采取相应的措施对其进行开发，提升我国企业的低碳竞争力。

第六节　企业减排碳无形资产的开发

根据样本企业低碳竞争力的综合评价结论，可以发现我国钢铁减排碳无形资产开发不足，还存在很大的开发空间。当前，企业对减排碳无形资产的开发不足具有普遍性，这与我国低碳发展起步较晚、企业家低碳意识淡薄有关。多数企业家将"低碳"看成一种责任、义务，而没有意识到其背后的"资产"，对企业内部的碳无形资产没有进行有效的开发和利用。随着低碳经济的不断发展，减排碳无形资产正在成为企业资产中最有活力的部分（高喜超，2014），对企业的贡献越来越大，地位越来越重要，减排碳无形资产的开发已成为企业提升自身低碳竞争力的主要途径（江玉国，2016）。我国企业只有不断开发更多的减排碳无形资产，提升企业自身的低碳软实力，才能获得更有利的生存和发展空间。

一　减排碳无形资产开发的模式

企业减排碳无形资产的开发本质是企业的创新活动，是创新行为的具体化，但又与传统无形资产的开发有所不同。减排碳无形资产的开发是在发明创造的基础上，实现低碳价值的后续创新（范莉莉等，2002）。由于本书第三章将减排碳无形资产分为很多类别，各类减排碳无形资产都具有自身的特点，所以很难给每一类碳无形资产都找出一种具体的开发方法，但各减排类无形资产的开发都有一定的规律性可循（范莉莉，2001）。根据熊彼特的创新理论以及企业减排碳无形资产开发的形式不同，可以将碳无形资产的开发模式分为升级模式和孵化模式。

1. 减排碳无形资产开发的升级模式

企业对减排碳无形资产的升级式开发，是指首先对某些无形资产进行阶段式开发，达到减排的目的，继而通过原有内部资源的整合，形成一种新的合力，改进和完善企业减排碳无形资产，并赋予其新的内容和形式，从而产生更多的减排量（范莉莉等，2016）。减排碳无形资产升级式开发可能产生量或质的变化，其开发的效果主要表现为两个方面：一是显性的低碳效益，即企业可以将减排量拿到市场上进行交易获取收益；二是隐性的创新效益，即企业的可持续发展或者成本的降低，但最终表现为企业低碳竞争力的提高。

例如，企业可以对碳无形资产中的低碳关系进行有效的开发，使原有的客户关系提升为适应低碳市场需求的新型客户关系，从而更适应低碳发展的大环境。企业原有的客户关系是这种新型低碳客户关系的开发基础，这种低碳客户关系的开发将使关系内涵和市场功能产生巨大的变化。通过对低碳客户关系的开发，原有无形资产将升级为一种新型的、适应低碳发展要求且低碳价值更高的无形资产，从而产生更大的价值（见图7-5）。

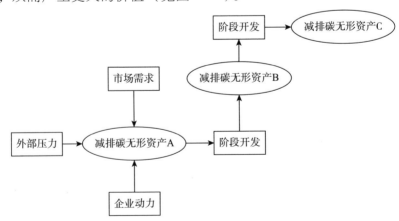

图7-5 减排碳无形资产的升级式开发模式

企业减排碳无形资产的升级式开发是一个循序渐进的动态过程，其升级的动力主要来源于三个方面：一是外部低碳发展大环境的要求，随着低碳政策的不断落实，高排放的企业减排压力越来越大，迫使企业开发更多的碳无形资产；二是低碳市场的需求，随着国内行业的产能过剩，企业将市场转向了国外，而国外种种碳贸易壁垒迫使企业不断提升自身的低碳软实力；三是企业的原发动力，企业作为独立的法人，理应承担减排的社会责任，进行减排碳无形资产的升级开发活动（范莉莉等，2002）。

2. 减排碳无形资产开发的孵化模式

企业对减排碳无形资产的孵化式开发，是指在对原有减排碳无形资产进行应用的过程中，结合企业的各种资源，进行一系列的创新活动，降低企业的碳排放强度，最终形成新的减排碳无形资产及利润增产点（范莉莉等，2016）。

例如，"十二五"期间，山东钢铁以热风烧结技术为切入点，利用企业拥有的其他各种资源，开发了新的低温烧结技术以及烧结烟气循环等二氧化硫削减技术，这种碳无形资产的开发便是典型的孵化模式。减排碳无形资产的孵化式开发一般不具有重复性，原来的无形资产所具有的各种属性将随着孵化的成功而发生转化，表现为一种新的资产。减排碳无形资产孵化式开发模式如图 7 - 6 所示。

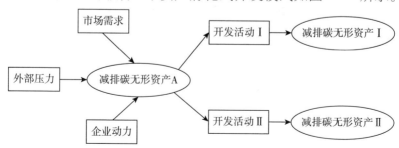

图 7 - 6　减排碳无形资产的孵化式开发模式

不同类型的减排碳无形资产有其自身的特点和规律，所选择的开发模式也不同。企业必须首先通过对不同类型减排碳无形资产进行分析，了解其开发程度和特点，才能确定开发内容、主体以及边界。

二　减排碳无形资产开发流程

减排类碳无形资产的价值不容易确定，更难被量化，但这些资源对企业降低碳排放、降低能源消耗起到重要的作用（江玉国等，2016；高喜超，2013）。企业所拥有的减排碳无形资产的价值是通过自身的减排活动，整合各种资源获取减排量（相对于前一期的排放量）来体现的（刘萍等，2013）。当前，企业只有对减排碳无形资产进行不断开发，其低碳价值才会不断得到保值、增值，企业低碳竞争力才能从本质上得到提升。经过对相关文献的研究及针对华能碳资产经营有限公司、中信碳资产管理有限公司、中国碳排放交易网等多位专家的咨询，笔者依据国内外有关碳资产开发的相关实践，提出了减排碳无形资产的开发流程及低碳价值的实现流程（江玉国等，2014）。

企业减排碳无形资产的开发一般要经历以下步骤。（1）确定开发对象、目标。开展减排碳无形资产开发，首先要确定开发对象以及目标（范莉莉等，2002）。（2）确定开发模式。开发模式主要包括升级模式和孵化模式，企业要根据低碳基础确定具体开发模式（江玉国等，2014）。（3）确定开发主体和内容。根据开发的对象、目标和模式组建实施项目的机构，并确定开发主体的工作和相应的资源配备（江玉国等，2014）。（4）各类减排碳无形资产的创新。主要包括低碳技术创新、低碳管理创新（范莉莉等，2002）。（5）进行可行性论证。在做出对某项减排类碳无形资产进行开发的决策之前，需要对开发项目进行一系列的技术经济分析，论证其目标是否能够实现。根本目的是确保决策的科学化、民主化以及其经济、社会效益，避免决策失误。（6）开发活动的实施。通过落实开发计划，协调各组织的行为等推进减排碳无形资产的开发活动。（7）过程控制。对减排碳无形资产的开发进行过程控制，找准切入点，把握环境变化（刘萍等，2013）。（8）效益分析。开展减排碳无形资产的开发活动后需要对其经济效益与社会效益进行分析，确定是否达到预期目标（江玉国等，2014），见图7-7。

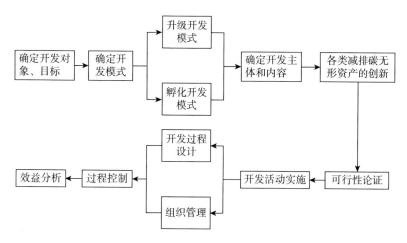

图7-7　减排碳无形资产一般开发流程

　　减排碳无形资产是一种微观层面的碳资产，其价值通过企业自身的减排活动而积累一定减排量（相对于前一期的排放量），并经管理机构认证确定而实现。减排碳无形资产的显性价值可以通过组织和产品两种途径来实现（江玉国等，2014）。产品层面，主要依据PAS2050标准，通过一些软件和硬件技术对产品碳足迹进行计算来实现；组织层面，主要通过制作企业的碳排放清单报告来实现。碳指标的确认是一项技术性很强的工作，需要相应的操作步骤、原则、行为标准及计算方法。目前，碳指标的确认标准主要有ISO14064标准、GHG Protocol 标准、PAS2050 标准三种，我国多采用 ISO14064 标准（刘萍等，2013）。

组织层面，减排碳无形资产低碳价值的实现步骤主要有八步。（1）首先是排放边界的确定，即设立企业的排放边界。企业碳排放边界主要包括企业自身的全部生产系统、相关的辅助及附属系统。具体可以划分为本企业燃料燃烧排放和生产过程的直接碳排放、企业所消耗的外购电力、热力等产生的间接碳排放，以及 CCS 技术等吸收和能源企业外输能源等特殊排放（刘萍等，2013）。（2）确定碳排放源，即在上述所确定的碳排放边界内，对各类碳排放源加以识别的过程（江玉国等，2014）。（3）通过一些方法和技术手段，计算该组织的碳排放数量。所采用的方法主要包括直接测量法、因子系数法、质量平衡法三种（张莉等，2011；刘萍等，2013）。（4）制作企业的碳排放清单报告。（5）对碳盘查的过程及碳排放清单报告进行核查。核查机构可以是企业内部的专门机构也可以是第三方机构。（6）第三方机构（DOE）认证。（7）碳额度指标（盘查碳资产）的签发（张莉等，2011）。（8）交易所或场外进行交易。产品层面，减排碳无形资产低碳价值的实现步骤主要分为以下几步：（1）选择要进行盘查的产品，即选择产品的类型及数量，同时邀请原材料的供应商参与盘查（江玉国等，2014）；（2）依据 PAS2050 标准，通过一些软件和硬件技术对产品碳足迹进行计算（刘萍等，2013）；（3）本单位或者第三方机构进行核查；（4）第三方机构（DOE）认证；（5）碳额度指标（盘查碳资产）的签发；（6）交易所或场外进行交易（江玉国等，2014），如图 7 - 8。

企业作为国民经济的细胞，某种程度来讲，其低碳竞争力决定着一个国家未来能否可持续发展。本书选取碳排放较高的钢铁行业为研究对象，对其低碳竞争力状况进行研究。

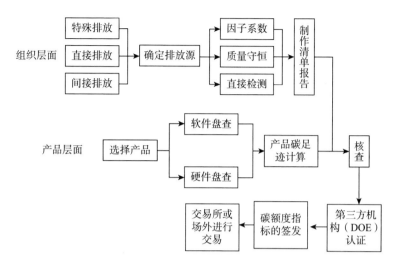

图 7 - 8　减排碳无形资产价值的实现流程

第三章对碳无形资产进行了分类，从宏观层面看，分为减排碳无形资产和指标碳无形资产（配额碳无形资产、项目碳无形资产和盘查碳无形资产）。从碳无形资产角度看，一个工业企业低碳竞争力主要靠"内功"体现，即减排碳无形资产的积累。在此基础上，第五章通过文献研究法，构建了基于减排碳无形资产的企业低碳竞争力评价指标。在方法选择上，本书探索寻求一种较为科学、合理的方法，即系统组合方法。笔者根据样本企业的评价结果发现我国钢铁企业的低碳竞争力还比较弱，减排碳无形资产的开发还严重不足，进而提出了减排碳无形资产的开发模式及流程。

当然，必须承认，由于我国碳会计制度不健全，对企业碳排放数据披露还远远不够，因此本书获取数据的难度很大。一些关键性的评价指标由于数据缺失而放弃，个别指标通过不同途径获取的数据存在差异，笔者进行了一些取舍，因此本研究的可靠性还有待进一步检验，但不失为一种科学的方法和思路。

第八章
提升企业低碳竞争力的对策建议

发展低碳经济目前是大势所趋，既给企业带来挑战，同时也使企业处于发展的机遇期。当前，将"低碳思维"融入企业的价值观，全面进行资源整合，使挑战转化为发展的机遇，极具必要性。企业低碳竞争力的提升，既需要企业采取减排行动，又需要社会和政府营建良好的环境和提供政策支持。本章将立足我国的现实情况，从企业、政府和社会三个层面来探讨提升企业低碳竞争力的对策。

第一节　企业层面

企业层面，提升企业低碳竞争力需要整合企业内部的各种资源，通过企业资源的优化配置改良原有的发展规划、管理制度、文化建设等实现节能减排，具体包括提升低碳技术创新能力、重视人力资本投入、优化能源结构、调整企业战略、调整企业营销模式、构建企业的低碳文化、优化低碳管理、完善管理制度等。

一　提升低碳技术创新能力

低碳技术被认为是发展低碳经济最有效的途径，不仅可以节能减排、降低生产成本，还可以为技术的更新换代提供相应的动力支持。当前，我国很多行业产能过剩，其产品以中低端为主，多数企业的国际竞争力较弱，单位产品的成本和碳排放强度远超欧、美、韩、日，要想扭转这一局面，必须加大低碳技术的研发力度，提升企业低碳技术创新能力。

首先，企业需要加大对低碳技术创新发展的资金投入，无论低碳技术的引进还是研发，都需要有强大的财力作为支撑，资本积累和投资驱动是促使我国低碳技术升级的重要动力。我国企业低碳技术的研发还处于初级阶段，与欧、美、日、韩等国还存在较大的差距，低碳技术的投入力度还相对滞后。其次，努力破除碳技术的"锁定效应"，拓宽技术创新思路。从技术层面看，纵观我国工业的发展历程，一直沿用一条"高碳"的发展模式，企业对这种模式具有很强的依赖性，很多企业是按照这种模式建造的能源、生产等设施，对其流程已经熟悉，不愿意进行技术升级，形成了恶性循环的后果，即产生碳技术"锁定效应"（江玉国等，2014）。对于企业而言，必须破除这种技术"锁定"效应，当然这种成本非常巨大，需要企业领导有很大的魄力和胆识。

由于现代技术发展日新月异，任何一个企业都难以掌握各个领域的技术，就钢铁企业而言，应当重视战略选择，尽可能发挥企业现有的优势，有选择地突破，从而提升企业整体技术水平，建立自己的非对称优势，找准低碳技术的突破点。企业需要积极参与、投入低碳技术创新活动中，加大对高端技术人才的培养和引进力度，提高创新能力，为企业可持续发展储备人才。工业企业低碳技术的创新对相关研发人员的要求非常高，企业低碳技术创新必须一方面重视人才的培养，另一方面积极引进人才。企业可以与各大高校、科研院所建立战略合作伙伴关系，充分利用外部资源，广泛开展低碳科研合作项目，提升低碳技术创新能力。

二　加大人力资本投入

知识经济时代，人力资本是企业最宝贵的资源，也是企业提升低碳竞争力的关键。企业应当加大对人力资本的投入，重视职工素质和能力的培养，不断完善培训体系，提供良好的培训环境。在低碳经济的大背景下，企业的人力资源战略管理发生了根本性的变革，利用简单的"成本"和"利润"思维已经难以衡量人力资源的配置，企业必须将附有环境的"综合成本"和"综合效益"纳入企业的评价中去。

为了更好地适应未来发展的要求，企业要在人力资源的引进、开发、培养等环节考虑低碳因素，吸纳更多具有低碳思维、低碳理念和减排技术的员工，如掌握低碳生产工艺的工人、碳经纪人、CDM（Clean Development Mechanism，清洁发展机制）顾问和碳财务顾问等。此外，企业还应当建立一套可操作的岗位规范，使得每个员工明确自己的职责以及所需要的知识、能力和素质，从而突出能力与岗位的匹配性。

三　优化能源结构，调整企业战略

长久以来，我国多数产业的能源消耗以煤为主，其能源消耗占全国工业总能耗的25%，而化石燃料消耗是工业企业二氧化碳排放规模大的最主要因素。既然煤炭是主要的能源，那么减少煤炭的使用量，寻求低排放的能源就可以减少温室气体的排放。因此，优化能源结构是企业降低碳排放强度的重要措施。鉴于此，企业应当采取相应的措施调整企业的能源结构。

首先，加快淘汰落后工艺、技术、装备。在低碳经济时代，高能耗的设备、技术逐渐不再适应发展的需求，企业应当逐渐更新设备及调整资源引进策略。其次，优化企业的用能结构。目前，我国企业主要使用煤炭、电、重油、天然气，随着低碳经济的发展，各种新能源不断涌现，企业可以通过利用新能源以及回收余热、余压等措施来减少传统能源的消耗。

我国企业一直采用"高投入、高消耗、高污染、低效益"的经营模式，这也是高排放的重要原因。在全球发展低碳经济的大背景下，这种模式已经难以为继。尽管发展低碳经济，可能需要大量的先期投入，而且回报具有很大的不确定性。但就未来发展而言，这种付出是值得的。低碳战略有别于传统的经营战略，在低碳经济已成为国际趋势的背景下，企业必须随潮而动。所以，企业应该调整经营战略将低碳因素纳入其中。企业低碳战略可以分为三个步骤实现：第一步主要是节能减排，即通过减少能源的消耗降低碳排放强度；第二步是使用新能源，采用低排放或者零排放的新能源取代化石能源，减少碳排放；第三步是研发碳捕获技术，这种技术还处于试验阶段，难以大规模采用，但未来潜力却非常大。目前，我国还主要处于第一发展阶段，未来还有很长的路要走。

四　调整企业营销模式

由于产能过剩，国内市场供需不平衡的矛盾不断加剧，企业竞争激烈，经济效益难以提高。企业要想抵御市场竞争风险，提高盈利水平，必须大力开展战略营销、绿色营销，促进营销创新，以满足终端用户需求。企业需要结合市场化的发展进程，努力拓展终端用户，开发直供用户，加强直供渠道建设与客户关系管理，与客户建立战略互惠的伙伴关系，构建出具有综合优势的低碳经营渠道。

企业需要积极发展电子商务流通模式，采用现代化的营销技术和信息系统，构建完整的信息网络和服务体系，加快信息反馈的速度，提高营销效率。同时，企业要在资源利用的附加值方面上下功夫，提高物流系统的效率。延伸产业链的广度，提高产品和服务的附加值。低碳经济给传统营销模式带来了巨大的挑战，企业主动实施低碳营销是提升竞争力的重要方式，也是主动承担社会责任的积极反映。

五 构建企业的低碳文化

企业文化对构建企业的凝聚力有重要的作用，是企业的灵魂。企业文化是企业在长期的经营过程中，形成的共同理想、工作作风、传统习惯和行为规范的综合，可以激励员工围绕企业的经营目标努力。企业文化的建设要与社会发展步调相一致，在低碳经济时代，应将低碳文化融入整个企业文化当中，这不仅可以在企业内部形成节能减排的氛围，而且可以催生更多的低碳合作，形成更多的减排量。构建了成熟的低碳文化的企业能够把低碳管理、低碳战略、低碳组织与人等各种因素融合在一起开展减排工作，这种文化难以被学习但可以培养。企业低碳文化不仅会强化传统管理的一些功能，而且具有导向、凝聚、激励、规范等功能，可以有效提高企业低碳竞争力。

企业低碳文化的构建可以从以下方面展开：（1）建设低碳物质文化。物质文化是企业的第一形象，企业文化的最表层，企业的核心价值观可以通过物质的形式体现出来，让企业员工时刻感受到一种精神在召唤，激励和提醒员工；（2）构建企业制度文化。企业制度文化是将企业的理念和价值观制度化，形成员工所要遵守的准则，时刻约束员工行为；（3）构建企业低碳精神文化。精神文化是企业文化的灵魂，处于文化的核心层，是一种更深层次的文化，构建低碳文化要从精神层面入手；（4）构建企业低碳行业文化。企业低碳行业文化是包括低碳概念的一系列企业活动文化，这种文化涉及的面较广，倡导企业的低碳行为理念，强化员工的低碳意识。

六　优化低碳管理，完善管理制度

低碳管理是指企业为了实现低碳发展的目标，把低碳理念融入企业的生产、物流、技术等管理要素中，在企业的管理系统中对企业现有的生产要素进行重新组合的过程。企业通过管理思想、制度、方法的创新和优化来实现低碳管理。企业可以通过制定碳盘查制度、低碳管理标准、节能减排行为规范、碳减排的激励与约束机制等减少企业的碳排放。低碳管理不仅可以降低成本、提高生产效率，还是可持续发展的根本保证。

加强对企业的低碳管理，首先要转变以往的发展思维，在领导层内部形成低碳管理的共识，这是企业低碳发展的前提。其次，完善企业的低碳信息系统，建立科学的物流循环系统，优化物流系统，完善相关的评估、盘查制度等，最大限度地降低企业物流运输成本。企业低碳管理系统是一个复杂的开放性经济系统，其目标是通过各种低碳技术和先进的管理手段等，降低生产成本、提高生产效率，直接或间接影响其他系统。不断完善管理制度，健全相关的约束、激励机制，使各方面管理要素实现优化组合，引入竞争机制，强化部门之间的可比性，加大对优秀群体的表彰力度等，都对企业低碳竞争力的提升有重要的支持作用。

第二节　政府层面

企业低碳竞争力的培育不仅需要企业和社会的努力，更需要政府层面的法律、法规，政策的支持，具体包括完善法律、法规、引导企业生产低消耗、高附加值产品，建立、完善碳会计、审计制度，引导企业积极参与国际竞争、金融与碳交易机制，努力解决信息不对称问题六个方面。

一　完善法律、法规

低碳经济是一项庞大而复杂的系统工程，除了企业自身探索和发展与低碳经济相配套的技术、文化、制度之外，政府要构建相应的政策与法律、法规，加强对企业的法律约束并使其规范化管理。随着低碳行动的不断深入，我国已经确立了发展低碳经济的战略。面对新的国际形势，政府限排的决心不可动摇，具体行动规划是到2020年每一单位GDP碳排放量要比2005年降低40%以上，体现了发展中大国的成熟和深刻，体现了一种自信和担当。我国在政策、法律、法规方面进行了一系列的改革，从建设环境友好型社会到提出科学发展观、实现"中国梦"的伟大战略构想，无不彰显政府发展低碳经济的决心和毅力。构建法律保障体系，可以从以下两个层面入手。

1. 市场规制

市场规制法是指从限排角度出发，国家制定的规范企业碳排放总量的法律法规。目前，我国从宏观角度制定了碳排放规划，但具体到某一个行业和企业，其具体数量还不清楚。与低碳经济相关的制度构建和配套措施还不健全，亟须出台相关的管制政策和标准。管制政策主要通过配额制度、强制技术标准以及相关法律、法规等，加强对企业碳排放的控制。此外，需要在全国建立完善的碳交易市场，以法律手段配置碳排放权利责任。《联合国气候变化框架公约》及《京都议定书》已是国际社会治理碳排放问题的法律框架，我国需要在此基础上制定完备的、符合我国国情的法律、法规。我国在2002年已经制定并颁布了《中华人民共和国清洁生产法》，此后各种相关的法律、法规也不断出台。"十三五"期间，全国的碳排放交易市场将建立起来，需要立法来保障碳交易秩序，并出台与碳排放权交易管理相配套的法律、法规来规范其运作流程。

2. 加大财税支持力度

企业作为低碳发展的践行者，前期需要付出相当大的成本，短期效益并不明显，这将严重制约企业的积极性。政府应当加大对企业的支持力度，给予财政、金融支持。碳排放权具有金融产品的特征，未来碳减排必须要有发达的金融体系作为支撑。而目前我国的碳金融刚起步，难以满足市场的需求。政府可以通过低碳项目的财政补贴和转移支付加大对企业低碳发展的支持。辅以相关法律、法规，使企业通过各种方法学获取更多的 CCERs、CERs，同时对企业研发的先进低碳技术、生产工艺等知识产权予以充分的保护。

各级政府要制定配套法规，加大对企业的支持力度，以法规形式保障企业的低碳发展，通过财政杠杆对企业低碳发展加以支持，例如完善税法制度，对积极减排的企业给予税收政策的倾斜，调动其积极性。企业在发展低碳的过程中需要承担相当大的成本和风险，通过税收政策对企业给予支持，如减免低碳项目税收、提高低碳项目财政补贴、给予低碳信贷等，引领企业不断研发低碳技术等，都是可以采取的举措。

二 引导企业生产低消耗、高附加值产品

改革开放以来，我们习惯于追求产量的高速增长，而忽略了能源、环境问题。这种增长模式在当时生产力低下的年代对经济增长起到了重要的作用。当前我国经济处于换挡期，这种增长模式已经不再适应时代发展需要，低碳经济已经成为我国的必然选择，企业必须加以改革、转变发展理念才能更好地迎接挑战，才能获取更大的市场份额。企业低碳竞争力的体现最终要落实到产品上，要想在市场上站稳脚跟，就必须生产出更多的低排放、低污染、低消耗、高附加值的低碳产品。目前，我国工业产值约占全球的 25%，且逐年递增，但企业自主创新能力却较弱，工业产品以中低档产品为主、利润较低、产业低碳竞争力弱等问题长期制约我国工业的发展。与欧、美、日、韩等发达国家相比，我国行业结构不合理，高附加值产品所占比例较低。

政府应当引导企业生产低消耗、高附加值的产品，因为只有将低碳技术转化为产品才有意义。此外，还需要促使企业生产高、中、低端不同层次的产品，延长产业链。

三 建立、完善碳会计、审计制度

企业要转型，走上低碳之路，需要各种制度作为保障，完善的碳会计和审计制度对企业发展低碳经济至关重要。碳会计是碳计量的重要手段，未来将会涉及多个方面，目前碳会计主要是指企业的碳配额、碳指标、碳排放、碳交易的会计核算，它以货币为计量单位对其进行核算，并对企业碳排放、碳配额等进行确认、计量和披露。《联合国气候变化框架公约》规定将碳排放纳入市场机制来解决环境问题，这使得碳排放具有了金融的属性，也就产生了碳会计。

碳会计是低碳时代的产物，未来企业的碳排放将与利润直接挂钩。企业的减排是一个系统工程，政府不仅要从宏观层面给企业以支持，还应在微观层面上制定相应的准则，给企业提供各种微观信息，关注企业的低碳发展状况，例如企业的碳技术、碳配额、碳投资、碳质押贷款等的会计核算。上市公司在年报中应该列出相应的碳会计数据，向社会披露会计信息。

目前，碳会计在西方发达国家的研究已经很成熟了，但我国还没有完善的碳会计准则，研究进展缓慢。企业碳会计的基本理论、基本规范、准则都还不成熟，未来的研究之路还很漫长。碳会计可以认为是会计学的拓展，是随着时代变迁从会计中延伸出的一个学术分支，它所涉及的领域非常广，比如生态、经济、资源等。作为一个会计学的新分支，碳会计更多地需要复合型人才，而我国在这一方面的人才还很匮乏。我国亟须制定完备的会计准则，培养一批操作能力强的碳会计工作者，应当强制要求企业将碳会计纳入披露体系当中。政府和企业也应当选拔和培养一批碳审计工作者。从法律层面接纳碳会计，在《会计法》中确立碳会计的合法性，充分借鉴国外的经验，将碳会计的核算与信息披露纳入《低碳信息披露法》《环境保护法》等各种法律法规中，促使企业披露碳会计信息，并以法律的形式加以规范，不断完善碳会计制度。政府应当对上市公司做出相关信息披露的技术性规定，培育碳会计方面的公允价值准则和市场环境，结合我国的实际情况，积极研究并制定与我国现实情况相配套的准则。

此外，我国企业在"碳审计"上，几乎为空白，难以及时发现企业的碳排放情况。碳审计是对碳会计相关的资料进行搜集并加以分析，按照相关的准则评估企业的碳排放状况，出具报告、披露信息。通过碳审计，能够较早发现企业在碳排放中存在的问题，督促企业降低碳排放强度。政府可以从以下方面完善碳审计制度。一是完善碳审计的法律法规。目前，无论是《审计法》还是《中国注册会计师法》都没有明确规定碳审计的法律基础，更没有相应的审计准则。政府应该加快建设碳审计的法律、法规，结合自身情况充分借鉴国外先进审计经验和理论，建立评价的原则和指标体系。二是建立评价标准。审计工作需要一定的标准和准则，我国尚未制定完善的碳审计标准，也就没有形成统一的评价准则，这就严重影响了审计人员的判断，因为碳审计与普通的审计标准存在差异性，需要根据碳资产自身的属性制定相关的评价标准。缺乏碳审计标准造成低碳审计依据不足，难以保证其客观性，进而也就难以避免审计风险。三是开发碳审计方法。碳审计有别于传统的审计，在碳审计过程中，既要结合财务报表或绩效、责任进行审计又要结合实地观察、现场跟踪以及低碳技术指标、经济效益指标等综合评价方法。目前，碳审计的方法学还不完善，有待进一步研究和探索。

四 引导企业积极参与国际竞争

作为发展中国家，中国在《京都议定书》第一期承诺期间并没有承担强制减排的责任，致使中国的企业低碳意识薄弱。欧美等很多发达国家已被纳入强制减排的名单，积累了很多宝贵的经验。政府应该创立相应的平台，鼓励企业走出去，参与国际项目的合作，不断引进发达国家的经验、技术、资金，例如通过 CDM 项目，我国企业可以获取部分资金和技术。因此，政府需要提供广阔的合作平台，鼓励和引导企业积极参与国际低碳项目合作，并不断拓宽合作的领域，这对企业低碳竞争力的提升有重要的作用。

目前，我国从国家层面推行"一带一路"倡议，这为各行业企业的国际合作提供了新的空间。"一带一路"倡议的实施涉及众多基础设施投资，国内企业可借此机会新建或整合一部分企业，引进先进的管理经验、技术、设备等。

五 完善金融与碳交易机制

1. 不断完善碳金融服务机制

企业发展低碳经济，需要强大的金融服务作保障。经过多年的实践，碳金融对企业的支持方式和支持重点也不断调整，相关政策性金融机构对企业低碳项目的倾斜力度不断加大。但商业性金融机构对企业的支持力度还远远不够，缺乏相应的金融产品和制度工具。所以，政府应当完善碳金融服务体系，对各种碳金融产品进行创新，促进金融体系服务产业的升级。同时，协调好政府主导和碳金融市场之间的关系，促进碳金融服务模式对企业低碳发展的持续支持。

2. 不断完善碳排放权交易机制

目前，碳排放交易在我国还处于起步阶段，仅在北京、天津、重庆等七个试点运行。国内尚未建立统一的碳交易平台，相关的法律、制度还不健全，所以应当结合实际情况，借鉴欧美等国的经验，建立完善的碳排放交易市场。在此基础上，丰富碳排放交易产品，引进各种碳金融衍生产品，例如碳交易保险、期权、期货等，重点加强原生产品交易市场的建设，并不断开发碳金融衍生产品，鼓励企业参与碳排放交易。同时，建立与之配套的法律体系，规范碳交易的市场秩序，加强政府的监管力度。

六 建立低碳信息交流平台，促进信息对称

在市场经济活动中，不同企业对信息的掌握程度不同，信息掌握充分的一方，往往处于有利的地位，而信息贫乏的一方，则往往处于不利的地位。在低碳背景下，无论是碳排放交易信息还是减排

资源信息都对企业的自身利益产生重要的影响，掌握充足的信息对企业至关重要。传统行业获取各种信息还主要通过传统途径，例如销售贸易还主要采用纸质媒体这种相对单一和传统的宣传渠道，其对网络科技的敏锐度不高，而利用这些途径获取信息具有受众面窄、传播速度慢、成本高等特点，严重影响企业获取信息的数量和质量。

低碳经济在我国起步较晚，目前我国围绕低碳经济信息的服务供给还远远不足，政府应搭建相应的平台，努力解决信息不对称问题，规范低碳信息的收集、整合、传输、交流等机制，建立低碳信息交换平台，通过整理企业的碳排放信息，促进企业低碳信息的交流和沟通。发挥市场对企业生产的导向作用，尽量防止产能过剩的现象出现，提高产品型号的标准化水平，完善资源配置物流体系。此外，低碳信息作为一种稀缺资源，还可以进行市场化运作，定期发布相关信息，引导企业实现低碳转型。

第三节　社会层面

碳排放具有外部性的特征，加上近几年社会对限排的呼声很高，企业是追求利益的法人，其低碳竞争力的培育离不开社会的监督及学界的探索。从社会层面来看，公众的需求导向、监督及社会组织的支持都对企业低碳竞争力的提升起推动作用。

一　需求导向

在市场经济条件下，市场需求决定了企业的发展趋势，是企业培育低碳竞争力的驱动因素。在低碳背景下，顾客越来越倾向于使用低碳、环保产品，因此顾客的需求推动着企业生产低碳产品。

顾客的低碳消费偏好与低碳产品需求对企业的低碳发展起到巨大的推动作用，当低碳产品、绿色产品成为一种时尚、一种普遍的价值观时，这种市场的需求对企业来讲就成为一种潜在的驱动力。政府的低碳补贴政策既可以调动客户对低碳产品的购买需求，对企业低碳竞争力的提升也起到重要的推动作用。这种需求在社会上形成一种低碳购买偏好，当消费者倾向于购买低碳环保产品的时候，这种"驱动"的力量将会非常强大。

二　完善监督机制，构建科学的评价体系

企业作为追逐经济效益的法人，在面对减排、限排的时候，经常与政府进行博弈，在其减排责任的履行上往往不情愿，不具备主动性，这就需要有力的监督才能保障企业减排责任的履行，监督的主体可以是政府、社会或者相关的中介组织，比如设立的相关碳盘查、监督机构等。企业作为理性的经济法人，逐利性的特点使其通常以利润最大化为目标，个别企业为了逃避社会责任，往往会弄虚作假。因此，有必要建立完善的监督机制，强化政府、社会对企业碳排放信息的监督，加大对企业财务信息的审计力度，促使企业降低碳排放强度。在低碳行动中，社会应当承担监督职能，加大对企业碳排放的监督，对超标行为予以曝光。不断完善有偿碳排放制度，金融监管部门应及时将碳排放相关信息纳入征信体系进行管理。

为了科学地评价企业低碳发展的阶段、存在的差距及措施的有效性等，需要确立一个多维度的、科学地衡量其低碳发展水平的标准，即低碳经济评价指标体系。传统的评价体系，过多地依赖财务指标，难以体现出企业的低碳发展状况。目前，亟须建立一套科学的评价体系，对我国企业的低碳状况进行科学的评价，既能够比较企业的低碳状况，又能发现与国外企业存在差距的地方。

三 充分发挥社会中介组织的支持作用

在企业发展低碳经济的过程中，社会中介组织的作用不容小觑。从某种意义上来讲，低碳技术转让、低碳管理经验的交流、信息的分享都非常重要，在这个过程中需要有专门的技术服务组织促成信息的有效流动，并且需要相应的机构对其进行监督。目前，我国提供低碳信息的中介组织机构还很少，从西方国家的经验看，国际低碳技术转让的中介组织主要包括：低碳发展领域的多边机构、联合国低碳领域核查机构以及一些非政府组织，这些组织在促进低碳技术流动方面起着非常重要的作用。

企业在发展低碳经济的过程中，既需要广泛的信息支持，也需要巨大的财力支撑，促使技术与资本对接，科研机构、金融机构、中介组织相联合，共同推动企业减排，才能达到预期的效果。大力发展低碳经济的现代服务业，需要充分吸收民间资本，推动碳金融事业的发展。目前，亟须建立一批主要从事 CDM 研究与分析、市场推广宣传和碳资产项目开发与管理等工作的中介组织，帮助企业进行碳资产管理，优化能源结构，改善企业的碳排放状况，并有效实现减排目标。

作为一种新型的经济形态，低碳经济是应对全球气候变化的一次革命，是人类社会发展不可逆转的大趋势。随着低碳理念被引入企业的经营管理，企业的竞争力构成要素发生了变化，低碳理念被纳入企业的竞争力评价体系中，进而形成了低碳竞争力。作为碳排放的主要来源，企业承担着不可推卸的减排责任，分析影响低碳竞争力的因素，提出增强其低碳竞争力的对策，就变得异常重要。基于此，本书从企业、政府和社会三个层面提出了提升企业低碳竞争力的对策。企业层面主要包括提升低碳创新能力、重视人力资本投入，优化能源结构，调整企业战略、调整企业营销模式、构建企业的低碳文化、优化低碳管理，完善管理制度六个方面；政府层面包括完善法律、法规，引导企业发展低消耗、高附加值产品，建立、完善碳会计、审计制度，引导企业积极参加国际竞争，构建金融与碳交易机制，努力解决信息不对称问题六个方面；社会层面包括需求导向、完善监督机制，构建科学的评价体系，充分发挥社会中介组织的支持作用三个方面。

在后京都时代，最大特征就是发展中国家将承担起一定的减排温室气体的责任，对于最大的发展中国家——中国而言，意味着将要面对很大的减排压力。随着中国减排责任的加重，我国企业将开始承担越来越多的减排责任，这将给企业带来较大的减排压力。中国的企业要想在未来的低碳竞争中脱颖而出，保持快速发展，就必须认识并不断提升企业的低碳竞争力。

结论与展望

一　全书总结

本书对企业碳资产、低碳竞争力等相关概念进行了文献梳理，阐述了资产、竞争力、低碳经济等相关理论。在明确前人研究进展和研究成果的基础上，分析了在我国企业低碳竞争力评价研究中存在的缺陷，并指出了研究的不足，提出了全新的研究视角。首先，通过文献研究法和属加种差定义法对"碳资产"给予了全新的界定；按照时间序列结合人类对温室效应的认知，对相关文献进行梳理，提出"碳资产"的演进可以分为四个阶段，即萌芽阶段、探索阶段、曲折中发展阶段、成熟阶段。其次，采用案例研究法对碳资产进行识别，结合价值链的相关理论对重钢股份等企业进行低碳活动的分析，从价值链角度对企业碳资产进行了识别研究，并根据不同的分类标准对碳资产进行了划分。最后，在对碳资产进行分类的基础上，对企业"碳资产"与企业低碳竞争力的关系进行分析。

在文献研究的基础上，本书以减排碳无形资产为研究视角，构建了企业的低碳竞争力评价指标体系。采用科学的方法对指标进行了初选、筛选。根据已确立的基本评价原则，通过查阅文献，从技术碳无形资产、人力碳无形资产、管理碳无形资产、文化碳无形资产、市场建设碳无形资产 5 个维度入手，构建出了一般性企业低碳竞争力的评价指标体系，该指标体系含有 5 个一级指标、26 个二级指标，并对相应的指标进行了具体解释。因为不同行业的具体评价指标会存在一些差异，本书选取钢铁行业为研究对象，对企业低碳竞争力特征进行了深入分析，提出了钢铁企业低碳竞争力评价指标的构建思路、选取方法。最终，构建了钢铁企业低碳竞争力评价指标体系，并对评价指标进行了说明和阐述。

本书采用了一种系统评价方法，首先选用几种综合评价方法构成方法集合，选用 G1 法、集值迭代法两类主观方法及 TOPSIS 法、熵值法两类客观方法对其进行评价。最终得到四组评价结果，这四组评价结果可能差距较大，故对其做 Kendall 检验。如果通过检验，则对其评价结果进行组合评价；检验结果是否通过 Spearman 一致性检验，如果通不过则重新进行组合评价，直到最后通过检验，确定最后排名。根据对样本企业的评价结果的分析，找到了阻碍企业低碳竞争力的根源，并提出了企业减排碳无形资产开发的模式及流程。

通过对评价结果及样本企业的具体情况进行分析，笔者发现影响企业低碳竞争力的因素主要来源于内外两个层面。内部因素主要包括技术碳无形资产、人力碳无形资产等减排碳无形资产开发不足；外部因素主要包括社会和政府的影响。基于此，本书从企业、政府和社会三个层面提出提升企业低碳竞争力的对策。企业层面主要是内部资源的整合，具体包括提升低碳技术创新能力，加大人力资本投入，优化能源结构、调整企业战略，调整企业营销模式、构建企业的低碳文化，优化低碳管理、完善管理制度六个方面；政府层面包括完善法律、法规，引导企业发展低消耗、高附加值产品，建立、完善碳会计、审计制度，引导企业积极参加国际竞争，完善金融与碳交易机制，努力解决信息不对称问题六个方面；社会层面包括需求导向、完善监督机制，构建科学的评价体系及社会中介组织的支持作用三个方面。

二　研究展望

企业是碳排放的主要来源，如何认清企业的碳排放状况，采取必要的措施，是企业可持续发展的必要环节。本书虽然全力收集相关文献，通过案例分析法和文献分析法来识别碳资产，将碳资产进行分类，最终评价钢铁企业的低碳竞争力问题，但仍有很多问题分析不够透彻，一些问题还没有展开。本课题存在以下不足及值得进一步展开的地方。

第一，关于碳资产的识别研究，目前可供参考的文献极少，之前的相关定义不完善，笔者深入企业通过案例法进行识别，从实践中探寻碳资产价值，进而识别碳资产，最终进行清晰的界定和确定划分标准。在这一点上，笔者觉得未来还有很多的工作要去做，需要寻求多种方法对碳资产进行识别，选取不同行业的企业进行实地调研，才能对碳资产进行全面识别。本书的研究对后续的研究起到抛砖引玉的作用，未来对碳资产的探索将逐渐展开。

第二，关于企业低碳竞争力，目前相关的研究还不够深入，零星的文献都是把企业的低碳竞争力等同于核心竞争力进行研究，其评价方法也较陈旧。企业低碳竞争力与企业核心竞争力存在一定的区别，目前还没有权威的定义，其评价的维度和方法也没有权威的报告。本书探讨了企业低碳竞争力的定义，并通过文献研究法提出了企业低碳竞争力的评价指标，并针对钢铁企业构建了低碳竞争力评价指标。由于目前我国还没有建立碳会计制度，公司年报及相关报表中相关的信息非常少，所以在指标的构建过程中还要考虑数据能否收集，这就影响了指标的全面性和科学性。在指标的构建上，还有大量的工作需要做。

第三，本书进一步完善了现有的评价理论，但方法性的创新还有待开拓。本书构建了评价指标，选取钢铁行业为评价对象，改善了现有的评价体系，完善了评价理论。通过优化评价方法，使得评价结果更科学，也更具一般性，但系统组合评价理论还有待进一步拓展，相关的方法有待开发。

第四，与企业碳排放相关的数据收集工作难度较大。由于我国是发展中国家，国际上并没有将我国列为强制减排的国家行列，我国的低碳发展水平也落后于欧美，比如尚未建立完善的碳会计制度，因此也造成了企业碳排放状况数据难以获取，相关发展信息没有得到公开。随着我国低碳经济不断走向成熟，相关数据会逐步得到完善。

参考文献

鲍建强、崔大鹏等：《低碳经济：人类经济发展方式的新变革》，《中国工业经济》2008年第4期。

鲍新中、张建斌、刘澄：《基于粗糙集条件信息熵的权重确定方法》，《中国管理科学》2009年第3期。

蔡兵、马跃、雷斌、陈勇：《交叉学科研究成果的评价标准、指标体系和评价方法研究》，《西安交通大学学报》（社会科学版）2007年第5期。

蔡博峰：《国际城市CO_2排放清单研究进展及评述》，《中国人口·资源与环境》，2013年第10期。

蔡伟光：《中国建筑能耗影响因素分析模型与实证研究》，重庆大学博士学位论文，2011。

曹建海：《竞争与管制："十五"时期中国民航运输业产业政策研究》，《改革》2000年第2期。

陈国宏、陈衍泰、李美娟：《组合评价系统综合研究》，《复旦学报》（自然科学版）2003年第5期。

陈国宏、李美娟、陈衍泰：《组合评估价及其计算机集成系统研究》，清华大学出版社，2007。

陈红喜、刘东、袁瑜：《低碳背景下的企业绿色竞争力评价研究》，

《科技进步与对策》2013年第4期。

陈洪波、潘家华：《我国生态文明建设理论与实践进展》，《中国地质大学学报》（社会科学版）2012年第5期。

陈华荣、王晓鸣：《基于聚类分析的可持续发展实验区分类评价研究》，《中国人口·资源与环境》2010年第3期。

陈列伟：《面向建筑企业竞争力提升的竞争模式与竞争战略研究》，天津大学博士学位论文，2006。

陈诗一：《节能减排与中国工业的双赢发展：2009—2049》，《经济研究》2010年第3期。

陈诗一：《能源消耗、二氧化碳排放与中国工业的可持续发展》，《经济研究》2009年第4期。

陈文颖、吴宗鑫：《碳排放权分配与碳排放权交易》，《清华大学学报》（自然科学版）1998年第12期。

迟国泰、符林、杨中原：《循环修正思路的经济评价模型及实证研究——基于14个省级行政区》，《管理学报》2009年第12期。

初颖、刘鲁、张巍：《基于聚类挖掘的供应链绩效评价的标杆选择法》，《管理科学学报》2004年第5期。

邓玉华：《基于社会责任的企业竞争力研究》，江西财经大学博士学位论文，2013.

董秋云：《低碳经济视角下的企业发展探讨》，《生态经济（学术版）》2011年第5期。

独娟：《论企业低碳竞争力的形成要素及构建路径》，《求索》2012年第5期。

杜晓君、马大明、宋宝全：《专利联盟的序贯创新效应研究》，《科学学与科学技术管理》2011年第2期。

范莉莉：《国家铁路无形资产的研究》，西南交通大学博士学位论文，2001。

范莉莉、高喜超、叶常发：《企业基于整体无形资产的核心竞争力评价》，科学出版社，2010。

范莉莉、江玉国：《基于熵值法的钢铁企业低碳竞争力评价》，《软科学》2016年第8期。

范莉莉、刘鹤：《碳无形资产演绎路径研究》，《科技进步与对策》2015年第10期。

范莉莉、刘兆明：《无形资产定义与界定问题的研究》，《铁道学报》1999年第4期。

范莉莉、余江：《铁路运输客户关系型无形资产的开发》，《中国铁路》2002年第5期。

范钰婷、李明忠：《低碳经济与我国发展模式的转型》，《上海经济研究》2010年第2期。

范徵：《知识资本评价指标体系与定量评价模型》，《中国工业经济》2000年第9期。

方文杰：《低碳经济环境下煤炭企业知识资本体系解析》，《财政研究》2013年第1期。

冯之浚、周荣、张倩：《低碳经济的若干思考》，《中国软科学》2009年第12期。

付允：《低碳经济的发展模式研究》，《中国人口·资源与环境》2008年第3期。

高喜超：《企业低碳竞争力探析》，《贵州社会科学》2013年第2期。

高喜超：《碳无形资产视角下的企业低碳竞争力系统评价研究》，西南交通大学博士学位论文，2014。

高振娟、赵道致：《基于碳交易的供应链碳资产质押融资模式探析》，《软科学》2013年第11期。

郭亚军：《综合评价理论、方法及拓展》，科学出版社，2012。

韩立岩、黄古博：《技术的碳资产属性预订价》，《统计研究》2015年第 2 期。

贺红兵：《我国碳排放影响因素分析》，华中科技大学博士学位论文，2012。

胡鞍钢、魏星、高宇宁：《中国国有企业竞争力评价（2003—2011）：世界 500 强的视角》，《清华大学学报》（哲学社会科学版）2013年第 1 期。

胡大力：《企业竞争力论》，经济管理出版社，2001。

胡颖梅、江玉国、范莉莉：《政府低碳规制体系构建研究》，《企业经济》2016 年第 4 期。

华锦阳：《制造业低碳技术创新的动力源探究及其政策涵义》，《科研管理》2011 年第 6 期。

黄山、吴小节、宗其俊：《中国制造企业低碳竞争力的来源及提升途径》，《华东经济管理》2013 年第 5 期。

江玉国：《基于减排碳无形资产的企业低碳竞争力评价研究——以钢铁企业为例》，西南交通大学博士学位论文，2016。

江玉国、范莉莉：《企业低碳竞争力的影响因素——基于碳无形资产视角的实证研究》，《技术经济》2015 年第 5 期。

江玉国、范莉莉：《碳无形资产视角下企业低碳竞争力评价研究》，《商业经济与管理》2014 年第 9 期。

江玉国、范莉莉、施庚宏：《我国低碳技术发展现状及障碍分析》，《生态经济》2014 年第 11 期。

江玉国、范莉莉、于艳昕：《工业企业碳无形资产的开发研究》，《管理现代化》2014 年第 6 期。

江玉国、胡颖梅、范莉莉：《基于碳无形资产的钢铁企业低碳竞争力的培育研究》，《广西社会科学》2015 年第 11 期。

金碚：《论企业竞争力的性质》，《中国工业经济》2001 年第 10 期。

金碚、李钢：《中国企业盈利能力与竞争力》，《中国工业经济》2007
年第 11 期。

金乐琴、刘瑞：《低碳经济与中国经济发展模式转型》，《经济问题
探索》2009 年第 1 期。

赖小东、施骞：《低碳技术创新管理研究回顾及展望》，《科技进步
与对策》2012 年第 9 期。

李国栋、张俊华、焦耿军、赵自胜：《气候变化对传染病爆发流行的
影响研究进展》，《生态学报》2013 年第 21 期。

李浩鑫、邵东国、何思聪、陈述：《基于循环修正的灌溉用水效率综
合评价方法》，《农业工程学报》2014 年第 5 期。

李凯杰、曲如晓：《碳排放交易体系初始排放权分配机制的研究进
展》，《经济学动态》2012 年第 6 期。

李荣生：《低碳经济下我国制造业企业核心竞争力研究》，哈尔滨工
程大学博士学位论文，2011。

李卫东：《企业竞争力评价理论与方法研究》，中国市场出版社，2009。

李先江：《服务业绿色创业导向、低碳创新和组织绩效间关系研究》，
《科学学与科学技术管理》2012 年第 8 期。

刘鹤、范莉莉：《互联网碳无形资产价值评估研究综述》，《会计之
友》2014 年第 33 期。

刘萍、陈欢：《碳资产评估理论及实践初探》，中国财政经济出版社，
2013。

刘艳春：《大企业竞争力评价理论、方法与实证研究》，经济管理出
版社，2014。

刘艳春：《一种循环修正的组合评价方法》，《数学的实践与认识》

2007 年第 4 期。

卢愿清、黄芳:《低碳竞争力驱动因素及作用机理——基于 PLS - SEM 模型的分析》,《科技进步与对策》2013 年第 9 期。

陆菊春、刘罗、张建军:《基于区间数的建筑业低碳竞争力评价》,《技术经济》2012 年第 4 期。

马秋卓、宋海清、陈功玉:《碳配额交易体系下企业低碳产品定价及最优碳排放策略》,《管理工程学报》2014 年第 2 期。

马中东、宁朝山:《环境规制与企业低碳竞争力分析》,《统计与决策》2010 年第 18 期。

米国芳:《中国火电企业低碳经济发展评价研究》,《资源科学》2012 年第 12 期。

潘文砚、王宗军:《基于协调度模型的低碳竞争力评价指标体系研究》,《情报杂志》2012 年第 10 期。

庞晶、李文东:《低碳消费偏好与低碳产品需求分析》,《中国人口·资源与环境》2011 年第 9 期。

乔国厚:《中国低碳经济:发展模式与政策体系研究》,中国地质大学出版社,2012。

施若:《钢铁企业低碳竞争力路径研究——基于两家钢铁企业的实证分析》,《企业经济》2014 年第 7 期。

施鉴:《基于低碳经济的上市钢铁企业竞争力评价研究》,华中农业大学硕士学位论文,2013。

束军意:《论创新管理视角下的"企业创新文化建设"》,《科学学与科学技术管理》2009 年第 10 期。

苏为华、陈骥:《模糊 Borda 法的缺陷分析及其改进思路》,《统计研究》2007 年第 7 期。

苏为华、张崇辉、曾守桢:《基于信息熵理论的链式评价机制设计》,

《统计研究》2014 年第 2 期。

唐跃军:《跨组织系统（IOS）在供应链中的应用模式》,《中国工业经济》2006 年第 12 期。

唐跃军、黎德福:《环境资本、负外部性与碳金融创新》,《中国工业经济》2010 年第 6 期。

陶晓红:《企业社会责任对企业竞争力影响研究》,江西财经大学博士学位论文,2012。

万林葳、朱学义:《低碳经济背景下我国企业碳资产管理初探》,《商业会计》2010 年第 17 期。

王锋:《中国经济发展转型中实现碳强度目标的政策绩效评估》,经济科学出版社,2012。

王海林、张书娟:《上市公司网络财务报告系统评价研究》,《审计研究》2012 年第 5 期。

王皓:《企业低碳竞争力的研究——以机电制造企业为例》,江南大学硕士学位论文,2010.

王建华、王方华:《企业竞争力评价系统及应用研究》,《管理科学学报》2014 年第 4 期。

王留之、宋阳:《略论我国碳交易的金融创新及其风险防范》,《现代财经》2009 年第 6 期。

王文良:《煤炭企业生态竞争力评价及实证研究》,中国地质大学博士学位论文,2013。

王学军、郭亚军:《基于 G1 法的判断矩阵的一致性分析》,《中国管理科学》2006 年第 3 期。

王子龙、许箫迪:《技术创新路径锁定与解锁》,《科学学与科学技术管理》2014 年第 4 期。

席西民:《企业集团竞争力与业绩综合评价》,机械工业出版社,2004。

肖钢：《二氧化碳：可持续发展的双刃剑》，武汉大学博士学位论文，2012。

肖序、郑玲：《低碳经济下企业碳会计体系构建研究》，《中国人口·资源与环境》2011 年第 8 期。

鑫小琴、杜受祜：《西部地区低碳竞争力评价》，《生态学报》2013 年第 4 期。

熊焰：《企业社会责任与低碳竞争力》，《中国中小企业》2010 年第 3 期。

徐砥中：《企业低碳管理系统的协同管理机制》，《广东社会科学》2011 年第 3 期。

徐建中：《基于耗散结构理论的企业低碳竞争力网络运行机制研究》，《科技进步与对策》2011 年第 24 期。

晏永刚、马铭：《基于 AHP – EM – TOPSIS 组合评价方法的区域低碳竞争力评价研究——以重庆市实证评价研究为例》，《科技管理研究》2015 年第 7 期。

杨华峰：《基于循环经济的企业竞争力评价研究》，南京理工大学博士学位论文，2006.

杨华峰：《企业竞争力评价研究评述及展望》，《求索》2011 年第 9 期。

尹子民、余佳群、初明畅：《企业竞争力与可持续发展评价方法的研究》，《北京工业大学学报》2003 年第 1 期。

于玉林：《基于无形资产发展趋势的相关概念比较》，《财会通讯（综合）》2011 年第 9 期。

喻登科、邓群钊：《DEA 方法应用的若干思考》，《中国管理科学》2012 年第 10 期。

袁小量：《制造企业低碳竞争力演化研究》，哈尔滨工程大学博士学位论文，2012。

岳超、王少鹏、朱江玲、方精云：《2050 年中国碳排放量的情景预测——碳排放与社会发展 IV》，《北京大学学报》（自然科学版）2010 年第 4 期。

曾相征：《中小企业低碳竞争力评价体系构建与低碳发展路径研究》，中南民族大学硕士学位论文，2012。

曾相征：《中小企业低碳竞争力评价体系构建与低碳发展路径研究》，中南民族大学硕士学位论文，2012.

张超武、邓晓峰：《低碳经济时代企业的社会责任》，《重庆科技学院学报》（社会科学版）2011 年第 3 期。

张进财、左小德：《企业竞争力评价指标体系的构建》，《管理世界》2013 年第 10 期。

张莉，陈云：《碳经济与纺织可持续发展（三）——公司碳足迹核算与管理》，《印染》2011 年第 2 期。

张鹏：《碳资产的确认与计量研究》，《财会研究》2011 年第 5 期。

张巍、尚丽：《基于熵值法的省域低碳竞争力评价》，《发展研究》2014 年第 5 期。

赵道致、原白云、徐春秋：《考虑消费者低碳偏好未知的产品线定价策略》，《系统工程》2014 年第 1 期。

赵彦春、黄建华：《逻辑定义"属 + 种差"的适用度——〈现代辞典学导论〉评论之三》，《辞书研究》2003 年第 6 期。

赵燕娜：《钢铁行业竞争力评估指标体系构建研究》，《工业技术经济》2008 年第 4 期。

中华人民共和国财政部：《企业会计准则 2006》，经济科学出版社，2006。

仲永安、邓玉琴：《中国大型电力企业碳资产管理路线初探》，《环境科学与管理》2011 年第 11 期。

周宏春:《低碳经济学》, 机械工业出版社, 2012。

朱瑾、王兴元:《中国企业低碳环境与低碳管理再造》,《中国人口·资源与环境》, 2012 年第 6 期。

朱利明:《大型发电企业低碳竞争力评价体系与培育路径研究》, 中国地质大学博士学位论文, 2013。

朱利明:《企业低碳竞争力评价指标体系研究》,《中国商贸》2013 年第 13 期。

朱婷:《钢铁企业竞争力评价问题研究——以 6 家钢铁企业为例》, 东北大学硕士学位论文, 2008。

朱瑜、王雁飞、蓝海林:《企业文化、智力资本与组织绩效关系研究》,《科学学研究》2007 年第 5 期。

朱跃钊:《二氧化碳的减排与资源化利用》, 化学工业出版社, 2011。

庄贵阳:《中国经济低碳发展的途径与潜力分析》,《国际技术经济研究》2005 年第 3 期。

Albino, V., Ardito, L., Dangelico, R. M., "Understanding the Development Trends of Low-Carbon Energy Technologies: A Patent Analysis", *Applied Energy*, 135 (12), 2014.

Andreea, L. R., Marian A. S., Dimitriu M. C., "Carbon Footprint Analysis: Towards a Projects Evaluation Model for Promoting Sustainable Development", *Procedia Economics and Finance*, 6, 2013.

Aullal, N. R., "Successor for the Kyoto Protocol-challenges and Options", *New Zealand Journal of Environmental Law*, 17, 2013.

Barney, J. B., "Firm Resources andsustained Competitive Advantage", *Journal of Management*, 17, 1991.

Bigsby, H., "Carbon banking: creating flexibility for forest owners", *Forest Ecology and Management*, 257 (1), 2009.

Byun, S. J. , "Forecasting Carbon Futures Volatility Using GARCH Models with Energy Volatilities", *Energy Economics*, 40, 2013.

Christoph, B. , Knut, E. R. , "Strategic Partitioning Of Emission Allowances under the EU Emission Trading Scheme", *Resource and Energy Economics*, 31 (3), 2009.

Christoph, B. , "Economic Implications of Alternative Allocation Schemes for Emission Allowances", *Scand. J. of Economics*, 107 (3), 2005.

Dallas, B. , Karen, P. , Ranjit, B. , Anthony, P. , "The Effect on Asset Values of the Allocation of Carbon Dioxide Emission Allowances", *The Electricity Journal*, 15 (5), 2002.

Erhun, K. , Yavuz, G. , "Carbon Sequestration, Optimum Forest Rotation and Their Environmental Impact", *Environmental Impact Assessment Review*, 37 (11), 2012.

Esther, H. K. , Yung, Edwin, H. W. , Chan. "Implementation Challengesto the Adaptive Reuse of Heritage Buildings: Towards the Goals of Sustainable, Low Carbon Cities", *Habitat International*, 36 (3), 2012.

Fleishman, L. A. , Bruine, D. B. W. , Morgan. M. G. , "Informed Public Preferencesfor Electricity Portfolios With Ccs and Other Low-Carbon Technologies", *Risk Analysis*, 30 (9), 2010.

Gong, B. G. , Guo D. D. , Zhang, X. Q. , Cheng, J. S. , "An Approachfor Evaluating Cleaner Production Performance in Iron and Steel Enterprises Involving Competitive Relationships", *Journal of Cleaner Production*, 3, 2016.

Henderson, R. , Iain, C. , "Measuring competence? Exploring Firm Effectsin Pharmaceutical Research", *Strategic Management Journal*,

15 (8), 1994.

Hepburn, C., Grubb, M., Neuhoff, K., "Auctioning of EU ETS Phase II Allowances: How and Why?", *Climate Policy*, 6 (1), 2006.

Huang, Y. A., Weber, C. L., Matthews, H. S., "Carbon Footprinting Upstream Supply Chain for Electronics Manufacturing and Computer Services", *IEEE International Symposium on Sustainable Systems and Technology*, 2009.

Izzet, A., "Voluntary Emission Trading Potential of Turkey", *Energy Policy*, 62, 2013.

Janek, R., Stewart, J., Kashi, R. B., "The Valuation and Reporting of Organizational Capability in Carbon Emissions Management", *Accounting Horizons*, 25 (1), 2011.

Jiang, Y. G., Zhang, J., Asante, D., Yang, Y., "Dynamic evaluation of Low-carbon Competitiveness (LCC) based on improved Technique for Order Preference by Similarity to an Ideal Solution (TOPSIS) method: A case study of Chinese steelworks", *Journal of Cleaner Production*, 217 (1), 2019.

Jin, N. W., Wei, J. Z., "Application Capabilityof E-Business and Enterprise Competitiveness: A Case Study of the Iron and Steel Industry in China", *Technology in Society*, 6, 2009.

Jonathan, R. N., "Allocation and Uncertainty: Strategic Responses to Environmental Grandfathering", *Ecology Law Quarterly*, 36 (4), 2009.

Julien, C., "Carbon Futures and Macroeconomic Risk Factors: A View from the EU ETS", *Energy Economics*, 31 (4), 2009.

Klein, J., David, G., Howard, J., "Analysing clusters of skills in R&D core competencies, metaphors, visualization, and the role of IT. *R&D Management*", 28 (1), 1998.

Lee, H., MacGillivray, A., Begley, P., Zayakova, E., "The Climate Competitiveness Index 2010", *Account Ability*, 44, 2010.

Marland, G., Fruit, k., Sedijo, R., "Accounting for sequestered carbon: the question of permanence", *Environmental science and policy*, 6, 2001.

Matthews, H. S., Christ. Hendrickson, C. T., Weber, C. L., "The Importance of Carbon Footprint Estimation Boundaries". *Environmental Science & Technology*, 42 (16), 2008.

Porter, M. E., "The Competitive Advantage of Nations", *Free Press*, 1990.

Prahalad, C. K., Hamel. G., "The Core Competence of the Corporation", *Harvard Business Review*, 5, 1990.

Rayport, J. F., Sviokla, J. J., "Exploring the Virtual Value Chain", Harvard Business Review, 1995.

Takashi, K., "Comparison of Futures Pricing Models for Carbon Assets and Traditional Energy Commodities", *Journal of Alternative Investments*, 14 (3), 2012.

Wernerfelt, B., "A Resource-Based View of the Firm", *Strategic Management Journal*, 5, 1984.

Wilko, R., Reinhard, M., "Optimal investment strategies in power generation assets: The role of technological choice and existing portfolios in the deployment of low-carbon technologies", *International Journal of Greenhouse Gas Control*, 28 (9), 2014.

附录 A

专家调查表

尊敬的专家：

您好！

感谢您在百忙之中回答我们的咨询。我是西南交通大学的博士研究生，我们正在做关于企业低碳竞争力评价指标优化方面的咨询，之前我们海选了相关的评价指标，但这些指标有一些是冗余的，可能会存在很强的相关性或者对企业低碳竞争力贡献非常小，请您根据您的经验或者理论依据等给予相应的评价。我们将根据您提供的信息确定最终的评价指标。

本指标中的评价等级分为很重要、重要、比较重要、一般重要、不太重要、不重要六个等级，得分依次为 10、8、6、4、2、0；判断依据分为实践经验、理论依据、同行的了解、直觉四个等级，得分依次为 0.8、0.6、0.4、0.2；熟悉程度分为很熟悉、熟悉、比较熟悉、一般熟悉、不太熟悉、不熟悉六个等级，得分依次为 1.0、0.8、0.6、0.4、0.2、0。

非常感谢您的帮助！您的判断非常重要，我们将根据结果进行后续的研究！您如果对有关信息不明确，请联系：daocaoren 2007 @ 126. com。

江玉国

2014 年 10 月 10 日

附表 1　初选的企业低碳竞争力评价指标体系

一级指标	二级指标	评价等级	判断依据	熟悉程度
人力碳 无形资产	低碳技术与管理人员占比 企业家洞察力 低碳技术专业资格数量 人力资源开发成本率 人力资源管理的低碳化水平 核心领导团队的凝聚力 低碳专业资格占比 技术人员的维持水平 人力资源的专业技能 人均碳排放水平 激励机制的有效性 员工低碳智能水平 员工观念素质指数 员工学习状况 人均利润率 员工的低碳意识水平 员工的忠诚度			
技术碳 无形资产	低碳技术 R&D 占销售收入的比重 专利数量 单位产品碳排放强度 低碳专利产品销售比重 产品合格率 产品独特性 低碳技术开发数量 低碳技术国产化率			

一级指标	二级指标	评价等级	判断依据	熟悉程度
技术碳 无形资产	主要资源利用效率 技术吸收能力 固体废弃物综合利用 技术附加值状况 低碳技术投产率 创新成果的转化率 单位产品综合能耗 低碳研发人员比率 低碳技术吸收率 低碳技术开发周期 新产品开发成功率 能源利用效率 专利产品销售比重			
市场碳 无形资产	销售增长率 品牌价值含量 企业绿色营销投入增长率 市场拓展率 低碳产品营业收入增长率 营销渠道低碳化水平 客户重复购买率 品牌美誉度 低碳消费偏好水平 营销网络完善度 企业低碳商业合作数量 市场覆盖率 低碳用户满意指数 客户保有率 市场占有率 低碳品牌知名度 客户增长率 市场应变能力 出口增长率 主营业务收入增长率 营销人员比率			

一级指标	二级指标	评价等级	判断依据	熟悉程度
管理碳 无形资产	能源消耗额占生产成本的比重 基层员工低碳意识的培育状况 企业低碳管理制度的完备性 低碳信息技术先进度 低碳产品更新速度 参与行业低碳标准制订的能力 企业低碳社会责任的履行 企业碳盘查能力 管理层低碳意识的培育 企业治理结构状况 低碳化 AD/AA 指数 母合关系 企业低碳制度的满意度 生产规划能力 低碳信息技术拥有率 能源消耗利润率 低碳产品成本水平 低碳化 IS/AD 指数 产销率 制度与管理创新 管理执行力 应收账款周转率 管理人员占比			
文化碳 无形资产	员工的低碳价值观状况 企业低碳文化建设投资增长率 企业学习型组织的建设情况 企业的人员行为准则 CI 系统与企业的匹配性 企业低碳形象 员工低碳意识指数 员工忠诚度 企业精神的明确性 低碳文化融合度 CIS 与企业的匹配性			

一级指标	二级指标	评价等级	判断依据	熟悉程度
文化碳 无形资产	企业低碳文化聚合力 员工低碳行为表现 企业低碳文化适应性 企业低碳制度的完善度 企业低碳文化先进性			

附录 B

专家调查表

尊敬的专家：

您好！

感谢您在百忙之中回答我们的咨询。本调查表是针对钢铁企业低碳竞争力状况而设计，请您根据您的经验表示出以下各指标的重要关系。我们将根据您提供的指标关系确定各评价指标的权重。

在附表 1 中，将请您对 5 大类一级指标 x_1、x_2、x_3、x_4、x_5，按照重要性程度，由强至弱进行排列，记为对 x_1^*、x_2^*、x_3^*、x_4^*、x_5^*。按照同样的方法分别对各个分指标分别进行排序（见附表 2 ~ 附表 6）。

我们所提供的评价指标体系主要有由 3 个层次构成。主要邀请您对第 3 层的指标做出评价。第 2 层为评价要素层。在这一层主要包括 5 大类即人力资源、管理水平、市场建设、文化建设、技术水平。第 3 层是评价指标层，共 26 个指标。

初步设计的指标体系如附表 7 所示，您可以选出您认为最重要的 4 个指标，在第 1 列的表格中勾画出，接下来请您从剩余的指标集合中选出您所认为最重要的 4 个指标,在第 2 列的表格中勾画出,这样继续选取两轮,直到选取 16 个最重要指标为止。

　　非常感谢您的帮助!您的判断非常重要,我们将根据结果进行后续的研究!您如果对问卷有关信息不明确,请联系:daocaoren2007@126.com。

江玉国

2014 年 12 月 10 日

附表 1　钢铁企业低碳竞争力评价指标体系序关系 (一级指标)

一级指标	排序	1.0	1.2	1.4	1.6	1.8
X_1 人力碳无形资产	x_1^*					
X_2 技术碳无形资产	x_2^*					
X_3 市场碳无形资产	x_3^*					
X_4 管理碳无形资产	x_4^*					
X_5 文化碳无形资产	x_5^*	—	—	—	—	—

附表 2　钢铁企业低碳竞争力评价指标体系序关系 (人力碳无形资产)

二级指标	排序	1.0	1.2	1.4	1.6	1.8
X_{11} 低碳技术与管理人员占比 (%)	x_1^*					
X_{12} 员工低碳化的投入占销售收入的比重 (%)	x_2^*					
X_{13} 低碳专业资格占比 (%)	x_3^*					
X_{14} 人均碳排放水平 (吨/人)	x_4^*					
X_{15} 员工学习状况	x_5^*	—	—	—	—	—

附表 3 　钢铁企业低碳竞争力评价指标体系序关系
（技术碳无形资产）

二级指标	排序	1.0	1.2	1.4	1.6	1.8
X_{21}低碳技术 R&D 占销售收入的比重（%）	x_1^*					
X_{22}水循环利用率（%）	x_2^*					
X_{23}固体废弃物综合利用率（%）	x_3^*					
X_{24}单位产品碳排放强度（$t \cdot t^{-1}$）	x_4^*					
X_{25}吨钢综合能耗（kgce/t）	x_5^*					
X_{26}高炉煤气利用率（%）	x_6^*					
X_{27}连铸比（%）	x_7^*	—	—	—	—	—

附表 4 　钢铁企业低碳竞争力评价指标体系序关系
（市场碳无形资产）

二级指标	排序	1.0	1.2	1.4	1.6	1.8
X_{31}企业绿色营销投入增长率（%）	x_1^*					
X_{32}营销渠道低碳化水平	x_2^*					
X_{33}低碳消费偏好水平	x_3^*					
X_{34}低碳品牌知名度	x_4^*	—	—	—	—	—

附表 5 　钢铁企业低碳竞争力评价指标体系序关系
（管理碳无形资产）

二级指标	排序	1.0	1.2	1.4	1.6	1.8
X_{41}企业低碳管理制度的完备性	x_1^*					
X_{42}企业碳盘查能力	x_2^*					
X_{43}低碳化 AD/AA 指数（%）	x_3^*					
X_{44}低碳化 IS/AD 指数（%）	x_4^*					
X_{45}管理执行力	x_5^*	—	—	—	—	—

附表 6 钢铁企业低碳竞争力评价指标体系序关系
（文化碳无形资产）

二级指标	排序	1.0	1.2	1.4	1.6	1.8
X_{51}企业低碳文化建设投资增长率（%）	x_1^*					
X_{52}员工低碳意识指数	x_2^*					
X_{53}低碳文化融合度	x_3^*					
X_{54}企业低碳文化聚合力	x_4^*					
X_{55}企业低碳文化先进性	x_5^*	—	—	—	—

附表 7 钢铁企业低碳竞争力评价指标体系

一级指标	二级指标	选出4个最重要的指标	选出余下的4个最重要的指标	选出余下的4个最重要的指标	选出余下的4个最重要的指标
X_1 人力资源	X_{11}低碳技术与管理人员占比（%）				
	X_{12}员工低碳化的投入占销售收入的比重（%）				
	X_{13}低碳专业资格占比（%）				
	X_{14}人均碳排放水平（吨/人）				
	X_{15}员工学习状况				
X_2 技术水平	X_{21}低碳技术R&D占销售收入的比重（%）				
	X_{22}水循环利用率（%）				
	X_{23}固体废弃物综合利用率（%）				
	X_{24}单位产品碳排放强度（t·t^{-1}）				
	X_{25}吨钢综合能耗（kgce/t）				
	X_{26}高炉煤气利用率（%）				
	X_{27}连铸比（%）				

一级指标	二级指标	选出 4 个最重要的指标	选出余下的 4 个最重要的指标	选出余下的 4 个最重要的指标	选出余下的 4 个最重要的指标
X_3 市场建设	X_{31} 企业绿色营销投入增长率（%）				
	X_{32} 营销渠道低碳化水平				
	X_{33} 低碳消费偏好水平				
	X_{34} 低碳品牌知名度				
X_4 管理水平	X_{41} 企业低碳管理制度的完备性				
	X_{42} 企业碳盘查能力				
	X_{43} 低碳化 AD/AA 指数（%）				
	X_{44} 低碳化 IS/AD 指数（%）				
	X_{45} 管理执行力				
X_5 文化建设	X_{51} 企业低碳文化建设投资增长率（%）				
	X_{52} 员工低碳意识指数				
	X_{53} 低碳文化融合度				
	X_{54} 企业低碳文化聚合力				
	X_{55} 企业低碳文化先进性				

附录 C

附表 1　十二家钢铁企业人均产量指数（2012～2014 年）

公司	近三年产量 （万吨）	人数	人均产量 （万吨/人）	人均碳排放量 （万吨/人）
鞍钢股份	3369	33520	0.10051	0.162373905
沙钢股份	3508	4962	0.70697	1.132919425
武钢股份	3931	38857	0.10117	0.163804347
首钢股份	3152	22180	0.14211	0.239128497
宝钢股份	4391	37487	0.11713	0.189223515
河北钢铁	4579	45430	0.10079	0.158189
华菱钢铁	1499	32101	0.04669	0.074820725
太钢不锈	998.93	26672	0.03745	0.060777605
马钢股份	1879	41220	0.04559	0.06802028
包钢股份	1141	11107	0.10273	0.164624825
本钢板材	1683	41220	0.04083	0.075784563
山东钢铁	2279	31738	0.07181	0.11841469

资料来源：作者收集数据的整理。

附表 2 各种能源折标准煤及碳排放参考系数

能源名称	平均低位发热量	折标准煤系数	单位热值含碳量（吨碳/TJ）	碳氧化率	二氧化碳排放系数
原煤	20 908 kJ/kg	0.714 3 kgce/kg	26.37	0.94	1.900 3 kg-co2/kg
焦炭	28 435 kJ/kg	0.971 4 kgce/kg	29.5	0.93	2.860 4 kg-co2/kg
原油	41 816 kJ/kg	1.428 6 kgce/kg	20.1	0.98	3.020 2 kg-co2/kg
燃料油	41 816 kJ/kg	1.428 6 kgce/kg	21.1	0.98	3.170 5 kg-co2/kg
汽油	43 070 kJ/kg	1.471 4 kgce/kg	18.9	0.98	2.925 1 kg-co2/kg
煤油	43 070 kJ/kg	1.471 4 kgce/kg	19.5	0.98	3.017 9 kg-co2/kg
柴油	42 652 kJ/kg	1.457 1 kgce/kg	20.2	0.98	3.095 9 kg-co2/kg
液化石油气	50 179 kJ/kg	1.714 3 kgce/kg	17.2	0.98	3.101 3 kg-co2/kg
炼厂干气	46 055 kJ/kg	1.571 4 kgce/kg	18.2	0.98	3.011 9 kg-co2/kg
油田天然气	38 931 kJ/m3	1.330 0 kgce/m3	15.3	0.99	2.162 2 kg-co2/m3

注：1. 低（位）发热量等于 29 307 千焦（kJ）的燃料，称为 1 千克标准煤（1 kgce）。

2. 前两列来源于《综合能耗计算通则》（GB/T 2589 - 2008）。

3. 资料来源于《省级温室气体清单编制指南》（发改办气候〔2011〕1041号）。

附表3 二氧化碳排放估算参数

能源		中国能源平均低位发热量		IPCC（2006）碳排放系数		碳氧化因子	中国各种能源折标准煤参考系数		本书估算的中国二氧化碳排放系数	
		数值	单位	数值	单位		数值	单位	数值	单位
原煤	烟煤	20908	千焦/千克	25.8	千克/1000000千焦	0.99	0.7143	千克/千克标准煤	2.763	千克标准煤/千克
	无烟煤			26.8						
	加权平均			26.0						
原油		41816		20.0		1	1.4286		2.145	
天然气		38931				1		千克/千克标准煤	1.642	

资料来源：陈诗一：《能源消耗、二氧化碳排放与中国工业的可持续发展》，《经济研究》2009年第4期。

附表4 能源二氧化碳排放因子

类型			单位热值含碳量（吨碳/TJ）	碳氧化率	平均低位发热值（kJ/kg）	排放因子值	排放因子单位
固体燃料	电力行业	无烟煤	27.4	0.95	25090	2.395	tCO2/t
		烟煤	26.1	0.95	22999	2.091	tCO2/t
		褐煤	28	0.95	14636	1.427	tCO2/t
		炼焦煤	25.4	0.95	25090	2.220	tCO2/t
		型煤	33.6	0.95	20908	2.447	tCO2/t
		焦炭	29.5	0.95	28435	2.922	tCO2/t
		煤粉	33.6	0.95	20908	2.447	tCO2/t

类型			单位热值含碳量（吨碳/TJ）	碳氧化率	平均低位发热值（kJ/kg）	排放因子值	排放因子单位
固体燃料	电力行业	煤矸石	26.57	0.95	8363	0.774	tCO2/t
		煤制品	33.6	0.95	20908	2.447	tCO2/t
		洗精煤	25.41	0.95	25090	2.221	tCO2/t
		其他洗煤	25.41	0.95	10454	0.925	tCO2/t
		其他焦化产品	29.5	0.95	38099	3.915	tCO2/t
		城市固体垃圾	25	0.95	7945	0.692	tCO2/t
	冶金行业	无烟煤	27.4	0.9	25090	2.269	tCO2/t
		烟煤	26.1	0.9	22999	1.981	tCO2/t
		褐煤	28	0.9	14636	1.352	tCO2/t
		炼焦煤	25.4	0.9	25090	2.103	tCO2/t
		型煤	33.6	0.9	20908	2.318	tCO2/t
		焦炭	29.5	0.9	28435	2.768	tCO2/t
		煤粉	33.6	0.9	20908	2.318	tCO2/t
		煤矸石	26.57	0.9	8363	0.733	tCO2/t
		煤制品	33.6	0.9	20908	2.318	tCO2/t
		洗精煤	25.41	0.9	25090	2.104	tCO2/t
		其他洗煤	25.41	0.9	10454	0.877	tCO2/t
		其他焦化产品	29.5	0.9	38099	3.709	tCO2/t
		城市固体垃圾	25	0.9	7945	0.655	tCO2/t
	化工行业	无烟煤	27.4	0.93	25090	2.344	tCO2/t
		烟煤	26.1	0.93	22999	2.047	tCO2/t

续表

类型			单位热值含碳量（吨碳/TJ）	碳氧化率	平均低位发热值（kJ/kg）	排放因子值	排放因子单位
固体燃料	化工行业	褐煤	28	0.93	14636	1.397	tCO2/t
		炼焦煤	25.4	0.93	25090	2.173	tCO2/t
		型煤	33.6	0.93	20908	2.396	tCO2/t
		焦炭	29.5	0.93	28435	2.860	tCO2/t
		煤粉	33.6	0.93	20908	2.396	tCO2/t
		煤矸石	26.57	0.93	8363	0.758	tCO2/t
		煤制品	33.6	0.93	20908	2.396	tCO2/t
		洗精煤	25.41	0.93	25090	2.174	tCO2/t
		其他洗煤	25.41	0.93	10454	0.906	tCO2/t
		其他焦化产品	29.5	0.93	38099	3.833	tCO2/t
		城市固体垃圾	25	0.93	7945	0.677	tCO2/t
	建材行业	无烟煤	27.4	0.99	25090	2.496	tCO2/t
		烟煤	26.1	0.99	22999	2.179	tCO2/t
		褐煤	28	0.99	14636	1.488	tCO2/t
		炼焦煤	25.4	0.99	25090	2.313	tCO2/t
		型煤	33.6	0.99	20908	2.550	tCO2/t
		焦炭	29.5	0.99	28435	3.045	tCO2/t
		煤粉	33.6	0.99	20908	2.550	tCO2/t
		煤矸石	26.57	0.99	8363	0.807	tCO2/t
		煤制品	33.6	0.99	20908	2.550	tCO2/t
		洗精煤	25.41	0.99	25090	2.314	tCO2/t

类型			单位热值含碳量（吨碳/TJ）	碳氧化率	平均低位发热值（kJ/kg）	排放因子值	排放因子单位
固体燃料	建材行业	其他洗煤	25.41	0.99	10454	0.964	tCO2/t
		其他焦化产品	29.5	0.99	38099	4.080	tCO2/t
		城市固体垃圾	25	0.99	7945	0.721	tCO2/t
	其他行业	无烟煤	27.4	0.85	25090	2.143	tCO2/t
		烟煤	26.1	0.85	22999	1.871	tCO2/t
		褐煤	28	0.85	14636	1.277	tCO2/t
		炼焦煤	25.4	0.85	25090	1.986	tCO2/t
		型煤	33.6	0.85	20908	2.189	tCO2/t
		焦炭	29.5	0.85	28435	2.614	tCO2/t
		煤粉	33.6	0.85	20908	2.189	tCO2/t
		煤矸石	26.57	0.85	8363	0.693	tCO2/t
		煤制品	33.6	0.85	20908	2.189	tCO2/t
		洗精煤	25.41	0.85	25090	1.987	tCO2/t
		其他洗煤	25.41	0.85	10454	0.828	tCO2/t
		其他焦化产品	29.5	0.85	38099	3.503	tCO2/t
		城市固体垃圾	25	0.85	7945	0.619	tCO2/t
固体燃料		原油	20.1	0.98	41816	3.020	tCO2/t
		燃料油	21.1	0.98	41816	3.170	tCO2/t
		汽油	18.9	0.98	43070	2.925	tCO2/t
		柴油	20.2	0.98	42652	3.096	tCO2/t
		喷气煤油	19.5	0.98	43070	3.018	tCO2/t
		一般煤油	19.6	0.98	43070	3.033	tCO2/t
		液化石油气（LPG）	17.2	0.98	50179	3.101	tCO2/t
		液化天然气（LNG）	15.3	0.98	51434	2.828	tCO2/t
		天然气液体（NGL）	17.2	0.98	44200	2.732	tCO2/t

续表

	类型	单位热值含碳量（吨碳/TJ）	碳氧化率	平均低位发热值（kJ/kg）	排放因子值	排放因子单位
固体燃料	炼厂干气	18.2	0.98	45998	3.008	tCO2/t
	石脑油	20	0.98	43907	3.155	tCO2/t
	沥青	22	0.98	38931	3.078	tCO2/t
	润滑油	20	0.98	41398	2.975	tCO2/t
	石油焦	27.5	0.98	31947	3.157	tCO2/t
	石化原料油	20	0.98	40980	2.945	tCO2/t
	其他油品	20	0.98	40980	2.945	tCO2/t
	废溶剂	16.15	0.98	51500	2.989	tCO2/t
	废油	20.18	0.98	40200	2.915	tCO2/t
	水煤浆	33.6	0.98	19854	2.397	tCO2/t
气体燃料	天然气	15.3	0.99	38889	2.160	tCO2/kNm3
	高炉煤气	70.8	0.99	3769	0.969	tCO2/kNm3
	焦炉煤气	13.58	0.99	17354	0.856	tCO2/kNm3
	其他煤气	12.2	0.99	20222	0.896	tCO2/kNm3
电力					0.7244	tCO2/MWh

注：1. 表中单位热值含碳量和碳氧化率数值主要来源于国家发改委印发的《省级温室气体清单编制指南（试行）》；平均低位发热值主要来源于国家统计局制定的《能源统计报表制度》。

2. 部分数据参考了《中国能源统计年鉴2010》，《HJ 2519 - 2012 环境标志产品技术要求 水泥》。

3. 电力排放因子数据来源于国家发改委应对气候变化司《关于公布2011年中国区域电网基准线排放因子的公告》，取 OM 与 BM 的平均值。

附表5 12家钢铁企业竞争力原始数据

一级指标	二级指标	鞍钢股份	沙钢股份	武钢股份	首钢股份	宝钢股份	河北钢铁	华菱钢铁	大钢不锈	马钢股份	包钢股份	本钢板材	山东钢铁
X_1	X_{11}	2.16	2.87	3.12	3.08	3.11	2.14	0.70	1.60	0.90	1.30	0.81	2.10
	X_{12}	0.0390	0.0330	0.0420	0.0417	0.0480	0.0332	0.0143	0.0162	0.0172	0.0184	0.0100	0.0210
	X_{13}	175	186	195	207	215	87	23	38	54	13	86	117
	X_{14}	0.16237	1.13292	0.16380	0.23913	0.18922	0.158189	0.07482	0.06078	0.06802	0.16462	0.07578	0.11841
	X_{15}	0.82	0.74	0.78	0.74	0.86	0.78	0.54	0.62	0.58	0.66	0.54	0.62
X_2	X_{21}	0.44	0.32	0.43	0.42	0.49	0.32	0.15	0.32	0.17	0.19	0.22	0.27
	X_{22}	96.50	97.40	95.70	96.13	97.89	97.00	94.00	96.77	96.50	95.03	97.30	96.00
	X_{23}	98.15	97.89	98.50	98.79	98.78	97.75	98.03	97.32	99.48	94.18	97.05	98.71
	X_{24}	1.6155	1.6025	1.6191	1.6827	1.6155	1.5695	1.6025	1.6229	1.4920	1.6025	1.8561	1.6490
	X_{25}	584.70	580.00	586.00	609.00	584.70	568.05	580.00	587.40	540.00	580.00	671.80	596.84
	X_{26}	50.01	46.68	49.00	50.03	50.07	48.65	65.00	50.00	44.00	48.20	48.50	46.73
	X_{27}	99.50	99.76	99.81	99.71	99.84	99.72	99.45	99.03	99.80	99.01	99.02	99.07
X_3	X_{31}	9.8	8.0	11.2	12.0	10.0	4.3	4.2	6.7	5.0	4.8	4.6	5.7
	X_{32}	0.70	0.74	0.78	0.78	0.82	0.78	0.70	0.66	0.58	0.54	0.62	0.66
	X_{33}	0.78	0.74	0.86	0.82	0.90	0.78	0.66	0.78	0.74	0.62	0.58	0.66
	X_{34}	0.54	0.46	0.42	0.38	0.50	0.30	0.34	0.58	0.38	0.42	0.38	0.46

续表

一级指标	二级指标	鞍钢股份	沙钢股份	武钢股份	首钢股份	宝钢股份	河北钢铁	华菱钢铁	太钢不锈	马钢股份	包钢股份	本钢板材	山东钢铁
X_4	X_{41}	0.46	0.46	0.50	0.62	0.66	0.38	0.26	0.42	0.30	0.22	0.18	0.38
	X_{42}	0.66	0.62	0.64	0.66	0.74	0.58	0.46	0.62	0.42	0.38	0.30	0.38
	X_{43}	6.70	7.52	8.20	7.83	9.00	5.40	3.50	6.80	3.91	4.50	3.70	4.80
	X_{44}	18.60	17.57	18.56	23.60	25.70	21.50	16.50	20.50	17.80	19.20	15.70	18.50
	X_{45}	0.62	0.50	0.62	0.38	0.50	0.58	0.22	0.34	0.34	0.26	0.34	0.30
X_5	X_{51}	21	25	32	27	35	24	15	22	18	20	15	18
	X_{52}	0.46	0.50	0.62	0.46	0.66	0.26	0.14	0.42	0.38	0.22	0.34	0.54
	X_{53}	0.54	0.46	0.66	0.58	0.62	0.54	0.46	0.54	0.50	0.42	0.46	0.50
	X_{54}	0.58	0.50	0.54	0.58	0.66	0.58	0.46	0.62	0.46	0.50	0.46	0.54
	X_{55}	0.38	0.30	0.58	0.50	0.82	0.42	0.46	0.36	0.34	0.26	0.36	0.38

附表6 经过无量纲化处理的指标数据

一级指标	二级指标	鞍钢股份	沙钢股份	武钢股份	首钢股份	宝钢股份	河北钢铁	华菱钢铁	大钢不锈	马钢股份	包钢股份	本钢板材	山东钢铁
X₁	X_{11}	0.6033	0.8967	1	0.9835	0.9959	0.595	0	0.3719	0.0826	0.2479	0.0455	0.5785
	X_{12}	0.7632	0.6053	0.8421	0.8342	1.0000	0.6105	0.1132	0.1632	0.1895	0.2211	0.0000	0.2895
	X_{13}	0.802	0.8564	0.901	0.9604	1	0.3663	0.0495	0.1238	0.203	0	0.3614	0.5149
	X_{14}	0.90525	0	0.90391	0.83365	0.8802	0.90915	0.9869	1	0.99325	0.90315	0.98601	0.94625
	X_{15}	0.875	0.625	0.75	0.625	1	0.75	0	0.25	0.125	0.375	0	0.25
X_2	X_{21}	0.8529	0.5	0.8235	0.7941	1	0.5	0	0.5	0.0588	0.1176	0.2059	0.3529
	X_{22}	0.6427	0.874	0.437	0.5476	1	0.7712	0	0.7121	0.6427	0.2648	0.8483	0.5141
	X_{23}	0.7491	0.7	0.8151	0.8698	0.8679	0.6736	0.7264	0.5925	1	0	0.5415	0.8547
	X_{24}	0.6608	0.6965	0.6509	0.4762	0.6608	0.7871	0.6965	0.6405	1	0.6965	0	0.5688
	X_{25}	0.6608	0.6965	0.651	0.4765	0.6608	0.7872	0.6965	0.6404	1	0.6965	0	0.5687
	X_{26}	0.2862	0.1276	0.2381	0.2871	0.289	0.2214	1	0.2857	0	0.2	0.2143	0.13
	X_{27}	0.6125	0.9375	1	0.875	1.0375	0.8875	0.55	0.025	0.9875	0	0.0125	0.075
X_3	X_{31}	0.7179	0.4872	0.8974	1	0.7436	0.0128	0	0.3205	0.1026	0.0769	0.0513	0.1923
	X_{32}	0.5714	0.7143	0.8571	0.8571	1	0.8571	0.5714	0.4286	0.1429	0	0.2857	0.4286
	X_{33}	0.625	0.5	0.875	0.75	1	0.625	0.25	0.625	0.5	0.125	0	0.25
	X_{34}	0.8571	0.5714	0.4286	0.2857	0.7143	0	0.1429	1	0.2857	0.4286	0.2857	0.5714

续表

一级指标	二级指标	鞍钢股份	沙钢股份	武钢股份	首钢股份	宝钢股份	河北钢铁	华菱钢铁	太钢不锈	马钢股份	包钢股份	本钢板材	山东钢铁
X_4	X_{41}	0.5833	0.5833	0.6667	0.9167	1	0.4167	0.1667	0.5	0.25	0.0833	0	0.4167
	X_{42}	0.8182	0.7273	0.7727	0.8182	1	0.6364	0.3636	0.7273	0.2727	0.1818	0	0.1818
	X_{43}	0.5818	0.7309	0.8545	0.7873	1	0.3455	0	0.6	0.0745	0.1818	0.0364	0.2364
	X_{44}	0.29	0.187	0.286	0.79	1	0.58	0.08	0.48	0.21	0.35	0	0.28
	X_{45}	1.0000	0.7000	1.0000	0.4000	0.7000	0.9000	0.0000	0.3000	0.3000	0.1000	0.3000	0.2000
X_5	X_{51}	0.3	0.5	0.85	0.6	1	0.45	0	0.35	0.15	0.25	0	0.15
	X_{52}	0.6154	0.6923	0.9231	0.6154	1	0.2308	0	0.5385	0.4615	0.1538	0.3846	0.7692
	X_{53}	0.6	0.2	1.2	0.8	1	0.6	0.2	0.6	0.4	0	0.2	0.4
	X_{54}	0.6	0.2	0.4	0.6	1	0.6	0	0.8	0	0.2	0	0.4
	X_{55}	0.2143	0.0714	0.5714	0.4286	1	0.2857	0.3571	0.1786	0.1429	0	0.1786	0.2143

附表7 12家钢铁企业数据规范化处理

一级指标	二级指标	鞍钢股份	沙钢股份	武钢股份	首钢股份	宝钢股份	河北钢铁	华菱钢铁	太钢不锈	马钢股份	包钢股份	本钢板材	山东钢铁
X_1	X_{11}	0.0904	0.1201	0.1306	0.1289	0.1302	0.0896	0.0293	0.067	0.0377	0.0544	0.0339	0.0879
	X_{12}	0.1168	0.0988	0.1257	0.1249	0.1437	0.0994	0.0428	0.0485	0.0515	0.0551	0.0299	0.0629
	X_{13}	0.1254	0.1332	0.1397	0.1483	0.154	0.0623	0.0165	0.0272	0.0387	0.0093	0.0616	0.0838
	X_{14}	0.0609	0.0087	0.0603	0.0413	0.0522	0.0625	0.1321	0.1626	0.1453	0.06	0.1304	0.0835
	X_{15}	0.099	0.0894	0.0942	0.0894	0.1039	0.0942	0.0652	0.0749	0.07	0.0797	0.0652	0.0749
X_2	X_{21}	0.1176	0.0856	0.115	0.1123	0.131	0.0856	0.0401	0.0856	0.0455	0.0508	0.0588	0.0722
	X_{22}	0.0835	0.0842	0.0828	0.0831	0.0847	0.0839	0.0813	0.0837	0.0835	0.0822	0.0842	0.083
	X_{23}	0.0836	0.0833	0.0839	0.0841	0.0841	0.0832	0.0835	0.0829	0.0847	0.0802	0.0826	0.084
	X_{24}	0.0838	0.0844	0.0836	0.0804	0.0838	0.0862	0.0844	0.0834	0.0907	0.0844	0.0729	0.0821
	X_{25}	0.0838	0.0844	0.0836	0.0804	0.0838	0.0862	0.0844	0.0834	0.0907	0.0844	0.0729	0.0821
	X_{26}	0.0838	0.0782	0.0821	0.0838	0.0839	0.0815	0.1089	0.0838	0.0737	0.0808	0.0813	0.0783
	X_{27}	0.0834	0.0836	0.0836	0.0835	0.0836	0.0835	0.0833	0.083	0.0836	0.0829	0.083	0.083
X_3	X_{31}	0.1136	0.0927	0.1298	0.139	0.1159	0.0498	0.0487	0.0776	0.0579	0.0556	0.0533	0.066
	X_{32}	0.0837	0.0885	0.0933	0.0933	0.0981	0.0933	0.0837	0.0789	0.0694	0.0646	0.0742	0.0789
	X_{33}	0.0874	0.083	0.0964	0.0919	0.1009	0.0874	0.074	0.0874	0.083	0.0695	0.065	0.074
	X_{34}	0.1047	0.0891	0.0814	0.0736	0.0969	0.0581	0.0659	0.1124	0.0736	0.0814	0.0736	0.0891

续表

一级指标	二级指标	鞍钢股份	沙钢股份	武钢股份	首钢股份	宝钢股份	河北钢铁	华菱钢铁	太钢不锈	马钢股份	包钢股份	本钢板材	山东钢铁
X_4	X_{41}	0.095	0.095	0.1033	0.1281	0.1364	0.0785	0.0537	0.0868	0.062	0.0455	0.0372	0.0785
	X_{42}	0.1022	0.096	0.0991	0.1022	0.1146	0.0898	0.0712	0.096	0.065	0.0588	0.0464	0.0588
	X_{43}	0.0932	0.1046	0.1141	0.109	0.1252	0.0751	0.0487	0.0946	0.0544	0.0626	0.0515	0.0668
	X_{44}	0.0796	0.0752	0.0794	0.101	0.11	0.092	0.0706	0.0877	0.0762	0.0821	0.0672	0.0792
	X_{45}	0.124	0.1	0.124	0.076	0.1	0.116	0.044	0.068	0.068	0.052	0.068	0.06
X_5	X_{51}	0.0772	0.0919	0.1176	0.0993	0.1287	0.0882	0.0551	0.0809	0.0662	0.0735	0.0551	0.0662
	X_{52}	0.092	0.1	0.124	0.092	0.132	0.052	0.028	0.084	0.076	0.044	0.068	0.108
	X_{53}	0.086	0.0732	0.1051	0.0924	0.0987	0.086	0.0732	0.086	0.0796	0.0669	0.0732	0.0796
	X_{54}	0.0895	0.0772	0.0833	0.0895	0.1019	0.0895	0.071	0.0957	0.071	0.0772	0.071	0.0833
	X_{55}	0.0736	0.0581	0.1124	0.0969	0.1589	0.0814	0.0891	0.0698	0.0659	0.0504	0.0698	0.0736

后 记

　　本书是国家自然科学基金面上项目"碳无形资产视角下的企业低碳竞争力系统评价研究"（项目编号：71271177）的阶段性研究成果，它的出版也得到了中国博士后科学基金面上项目（项目编号：2017M622983）、四川县域经济发展研究中心项目（项目编号：XY2019037）、四川矿产资源研究中心项目（项目编号：SCKCZY2018 - YB005）以及四川师范大学学术著作出版基金的资助。本书来自本人博士学位论文的扩展，它能够最终完成并出版，首先要感谢西南交通大学经济管理学院的范莉莉教授，是范教授的悉心指导和不断鼓励让我坚定信念走完这段艰辛的旅程，同时还要感谢西南交通大学的王成璋教授、叶子荣教授、史本山教授、谭德庆教授、王建琼教授、官振中教授、蒋玉石副教授以及教育部学位论文匿名送审的五位专家，他们提出的宝贵意见，使我的毕业论文质量得以提升。

　　在攻读博士学位期间，我非常幸运参与了范莉莉教授主持的课题。正是我随课题组到各企业参与实地调研，参与资料和文献整理以及多次和专家、学者讨论的过程中，才确定了博士学位论文的选题。在课题组的研讨会上，大家进行了富有成效的讨论，本书的很多思路和想法都是得益于讨论，所以我对课题组充满了感激，感谢各位师长和同门。

感谢我的硕士导师云南大学段尔煜研究员。读博期间，无论在生活上还是科研上，我曾无数次请教段老师，段老师总是给我耐心地讲解和分析问题。

几位老朋友在此一并感谢。他们是李小栓、胡颖梅、高喜超、蔡凌曦、韦家华、刘鹤、刘楠峰、曾尹、文运，他们都曾对我非常关照，让我难以忘怀。

在此我要感谢我的父母，感谢他们不辞劳苦，支持我完成学业，还有我的妻子曹茂君，爱妻不辞辛劳地操持着家务让我得以腾出时间完成科研工作，而且帮我通读论文，翻译校稿，改正错误。我还要感谢江泓泽和江明泽两位小朋友，是你们让这段艰辛的旅程充满了快乐。

另外，也要感谢社会科学文献出版社高雁老师为本书出版付出的辛勤劳动，特致谢意！书稿虽已完成，但疏漏和不足在所难免，恳请各位专家批评指正。

江玉国

2019 年 5 月 28 日

图书在版编目（CIP）数据

企业低碳竞争力评价：基于减排碳无形资产的视角 /
江玉国著. -- 北京：社会科学文献出版社，2019.8
ISBN 978 - 7 - 5201 - 5264 - 8

Ⅰ.①企… Ⅱ.①江… Ⅲ.①钢铁企业 - 低碳经济 -
竞争力 - 评价 - 研究 - 中国 Ⅳ.①F426.31

中国版本图书馆 CIP 数据核字（2019）第 164086 号

企业低碳竞争力评价
　　——基于减排碳无形资产的视角

著　　者／江玉国

出 版 人／谢寿光
责任编辑／高　雁
文稿编辑／梁　雁

出　　版／社会科学文献出版社·经济与管理分社（010）59367226
　　　　　　地址：北京市北三环中路甲 29 号院华龙大厦　邮编：100029
　　　　　　网址：www.ssap.com.cn
发　　行／市场营销中心（010）59367081　59367083
印　　装／三河市尚艺印装有限公司

规　　格／开　本：787mm × 1092mm　1/16
　　　　　　印　张：15.5　字　数：192 千字
版　　次／2019 年 8 月第 1 版　2019 年 8 月第 1 次印刷
书　　号／ISBN 978 - 7 - 5201 - 5264 - 8
定　　价／98.00 元